Laufe deinen Lebenslauf

Leo Stierhof

Laufe deinen Lebenslauf

Bibliografische Information der Deutschen Nationalbibliothek
Die Deutsche Nationalbibliothek verzeichnet diese Publikation
in der Deutschen Nationalbibliografie; detaillierte bibliografische
Daten sind im Internet über http://dnb.d-nb.de abrufbar.

© 2013 Leo Stierhof
Umschlagdesign, Satz, Herstellung und Verlag:
BoD - Books on Demand
ISBN 978-3-8482-6989-1

Inhalt

Das Weltbild eines Lebensläufers

Dein guter Gedanke kann der Beginn deiner guten Idee werden.
Deine gute Idee kann der Beginn deiner guten Tat werden.
Deine gute Tat kann zu deinem großen Erfolg führen.
Darum versuche jeden deiner guten Gedanken in die Tat umzusetzen.

Nach der Vollendung meines vierten Buches will ich sofort mit dem Anfang meines fünften Buches beginnen. Ich überlege und ich überlege.
Mein Geist ist blockiert! Ich sage zu mir: »Habe Geduld mit dir selbst!
Wenn der Zeitpunkt für den Beginn gekommen ist, so wird dir dies durch
ein Zeichen bewusst werden.« Während ich einige Tage später bei meinem Frühstück ein hartes Vollkornbrot kaue, fühle ich im Mund einen
noch härteren Gegenstand. Dieser Gegenstand ist kein Stein, sondern
ein abgebrochenes Stück von einem meiner Zähne. Nach dem Frühstück
gehe ich sofort zum Zahnarzt. Weil ich vorher keinen Termin vereinbart
hatte, sitze ich längere Zeit im Wartezimmer. Das Warten nutze ich, um
die Menschen im Wartezimmer zu beobachten und um mit ihnen zu
sprechen. Es öffnet sich die Türe! Eine junge, attraktive, in eine silber-
graue Bluse, einen schwarzen Rock und einen schwarzen Hut, mit einem
weißen Schleier darüber, gekleidete junge Frau, die ich vorher noch nie
gesehen hatte, betritt den Raum. Sie schreitet auf mich zu und nimmt
auf dem freien Stuhl neben mir Platz. Von rechts strahlt das Licht der
Sonne durch das Fenster nur auf ihr Antlitz und mich. Ich fühle es: »Sie
fühlt sich in meiner Nähe wohl!« Nach kurzer Zeit beginnt sie über sich
zu sprechen: »Ich bin erst vor einer Woche von Köln nach Schwandorf
zu meinem Vater und Opa gezogen. Vorher lebte ich in einer Großstadt
bei meiner Mutter. Jetzt muss ich mich erstmals an das Leben in einer

Kleinstadt gewöhnen. Ich habe vor Kurzem mein Abitur gemacht und suche dringend einen Studienplatz.« Ich fühle es wieder: »Sie erwartet von mir, obwohl auch sie mich vorher noch nie gesehen hat, eine Aussage!« Ich bemühe mich, die richtigen Worte für sie zu finden. »Wenn Sie lernen, vor nichts Angst zu haben, und auch lernen, sich über nichts Sorgen zu machen, dann wird alles gut für Sie werden!« Sie antwortet dazu: »Das ist leichter gesagt als getan!« Ich entgegne ihr: »Das verstehe ich! Wenn Sie sich jedoch, ab heute, jeden Tag, im Vertrauen auf sich selbst vornehmen, vor nichts Angst zu haben und sich über nichts Sorgen zu machen, so wird Ihnen dies im Verlauf der Zeit gelingen. Sehen Sie dies als ein Persönlichkeitstraining. Haben Sie bei diesem Training Geduld mit sich selbst. Glauben Sie an sich. Aus Ihrem Bewusstsein werden alle Ängste und Sorgen verschwinden.« Sie lacht mich glücklich an und sagt zu mir: »Ich will es versuchen!«

Nach einer kurzen Pause sagt Luisa: »Ich muss mich an der Uni vorstellen! Ich weiß noch nicht, was ich studieren will! Mein Abschlusszeugnis ist nicht so besonders gut!« Nach dieser Mitteilung sage ich zu ihr: »Wenn Sie am Morgen in den Spiegel blicken und Ihr liebes Gesicht sehen, so lächeln Sie ab sofort fröhlich in den Spiegel! Der Spiegel spiegelt Ihr Lächeln gewinnend zurück! Behalten und bewahren Sie sich Ihr gewinnendes Lächeln, den ganzen Tag, die ganze Woche und Ihr gesamtes weiteres Leben. Mit diesem Lächeln können Sie hinkommen, wo Sie wollen. Dieses gewinnende Lächeln kommt von den Menschen, die Sie anlächeln, zu Ihnen zurück und wird Ihr gesamtes Leben positiv gestalten. Mit Ihrem Lächeln öffnen sich für Sie alle Türen!« Die Sprechstundenhilfe öffnet die Wartezimmertüre und sagt: »Frau Thalhammer bitte!« Luisa erhebt sich! Auch ich erhebe mich! Wir blicken uns, ohne einen begehrenden Hintergedanken, ehrlich und tief in die Augen. Sie reicht mir ihre rechte Hand und verabschiedet sich mit einem kräftigen Händedruck. Am Tag danach denke ich, während ich mein Frühstück einnehme, wieder an den Anfang meines neuen Buches. »Die Erleuchtung ist da! Das ist es! Das ist der Anfang! Der abgebrochene Zahn hatte seine Bestimmung für mich. Mit dieser Bestimmung kann ich jetzt beginnen, ein fröhliches, den

Menschen Mut machendes, sinnvolles fünftes Buch zu schreiben. Meine höhere Macht wird mir dabei helfen und mich begleiten.«

Wer vor nichts Angst hat und sich über nichts Sorgen macht, der gewinnt eine innere Gelassenheit, mit der er unbekümmert seinen Lebenslauf erleben kann!

Laufe weiter

Mit der Beendigung der 24 Stunden von Brugg in der Schweiz beende ich Anfang Oktober 2009 meine Laufsaison des Jahres. Gleichzeitig vollende ich mit dem Beitrag über dieses mich tief beeindruckende Lauferlebnis mein viertes Buch. Am Tag danach denke ich: »Bleibe nicht stehen! Laufe weiter! Schreibe weiter!« Mit dieser inneren Einstellung beginne ich noch am gleichen Tag, so wie viele Jahre vorher, auf ein Neues, mit Freude, meine Vorbereitung für die neue Laufsaison 2010. Ab diesem Tag laufe ich, für mich als eine Selbstverständlichkeit geltend, täglich, ohne eine einzige Ausnahme, mit meiner inneren Heiterkeit und ruhigen Gelassenheit meine Kilometer. Ende Februar macht mir meine alle Jahre wiederkehrende Bronchitis, verbunden mit einer starken Erkältung, schwer zu schaffen. In dieser Situation sage ich zu mir: »Du bist ein 24-Stunden-Läufer! Ein 24-Stunden-Läufer lässt sich niemals, auch nicht durch eine vorübergehende Unpässlichkeit von seinem Weg abbringen! Wenn der Mensch sich auch nur ein einziges Mal von dem Weg seiner Bestimmung abbringen lässt, so wird er sich immer wieder von ihm abbringen lassen und wird danach, schon bald, als ein verlorener Geselle am Ende seines Weges sein!« Während dieser Zeit höre ich von klugen Zeitgenossen: »Du bist verrückt! Du bist nicht normal!« Diese Kritik betrachte ich als ein wichtiges Kompliment für mich und denke: »Wer nicht normal ist, der kann auch in keine, von der Allgemeinheit geschaffenen Normen eingeordnet werden! Er ist kein Gefangener der von der Gesellschaft eingeführten Normen für schwache Menschen!« Mitte März 2010 starte ich zu meinem Saisonauftakt bei dem 6-Stunden-Lauf von Nürnberg. Ich erkenne während der Dauer dieses kurzen Zeitlaufes: »Du bist wieder gut über den Winter gekommen! Einer weiteren neuen Saison von langen Zeitläufen steht nichts im Wege. Ein jeder dieser Läufe wird für dich zu einem einmaligen, unverwechselbaren und immer wieder freudigen Erlebnis mit neuen Erfahrungen, Erkenntnissen, Begegnungen und Beobachtungen werden.« Meine neuen Läufe und die außergewöhnlichen Menschen, welche mir bei allen meinen bisherigen Ultraläufen begegneten, sind es wert, vorgestellt zu werden. Sie sind es wert, weil sie nach meiner Überzeugung Vorbilder sowohl für die jetzt lebende als auch für alle nachkommenden Generationen von Menschen sein können.

Das Glück der Erde liegt auf den Straßen der Erde!
Darum laufe nicht blind an deinem Glück vorbei!

Das Entdecken einer neuen Trainingsmethode

Nach dem Lauf von Nürnberg verbringe ich, wegen meiner angegriffenen Bronchien, einen kurzen Urlaub auf Mallorca. Bevor ich mit dem ersten Lauf in der heilenden Seeluft beginne, beschäftigt mich ein Problem. Mir ist die Laufstrecke noch unbekannt. Ich weiß nicht genau, wie lange sie ist. In früheren Jahren, als ich noch schneller laufen konnte, war dies einfacher für mich. Ich brauchte nur die gelaufene Zeit messen, dazu meine läuferische Tagesform prüfen und schon wusste ich, wie viele Kilometer ich zurückgelegt hatte. Nach meinem Umzug von Regensburg nach Maxhütte-Haidhof im Jahre 1985 kam ich von meinem ersten Trainingslauf in der neuen Umgebung zurück. Nach der Rückkehr sagte ich zu meiner Frau: »So! Meine neue 32-km-Runde habe ich schon erkundet!« Sie glaubte mir nicht und wir wetteten 10 DM. Nach der Wette fuhren wir gemeinsam die Laufstrecke ab. Meine neue lange Runde war 200 Meter länger, als ich errechnet hatte. Auf die 10 DM verzichtete ich selbstverständlich. Ich überlege nun: »Wie kannst du die Kilometer deines täglichen Laufes jetzt, ohne dich selbst zu betrügen, als ein langsam gewordener Oldtimer messen?« Während ich am ersten dieser Tage in Gedanken versunken dahinlaufe, kommt die Erleuchtung. »Laufe die gleiche Zeit, welche du zu Hause für deine Distanzläufe benötigst, und schon kannst du deine gelaufenen Kilometer errechnen!« Am dritten dieser Tage sage ich zu mir: »Laufe doch in Zukunft nicht mehr nur eine bestimmte Kilometerzahl, sondern unternehme auch abwechselnd Zeitläufe über eine bestimmte Laufzeit!« Ich beginne täglich die Dauer von 180 Minuten zu laufen! Dieses neue Laufen erweckt in mir ein mich beglückendes Laufgefühl. Nach einer gewissen Zeit blicke ich auf meine Uhr und sehe z.B.: »Du läufst jetzt seit 30 Minuten! Jetzt sind es nur noch 150 Minuten.« Später blicke ich wieder auf meine Uhr und sehe z.B.: »Jetzt bist du 150 Minuten unterwegs! Es sind nur noch 30 Minuten zu laufen.« Für dieses neue Training wähle ich von zu Hause aus verschiedene und unterschiedliche Wendepunkt-strecken. Nach der ersten Hälfte meiner vorher festgelegten Gesamtzeit ist mein Wendepunkt erreicht und ich laufe in der zweiten Hälfte dieser Zeit wieder nach Hause. Sobald ich an diese Zeitläufe gewöhnt bin, er-kenne ich: »Diese Art zu laufen ist für ältere und vielleicht sogar für viele jüngere Menschen bekömmlicher als Distanzläufe von vorher festgelegten Kilometern, weil sie ohne Zeitdruck zu laufen sind.« Zusätzlich erkenne ich für mich: »Mit diesem Training können meine als eine Folge meines fortgeschrittenen Lebensalters zurückgegangenen Kilometerleistungen bei meinen langen Zeitläufen wieder besser werden!« Bei einem 24- oder gar 48-Stunden-Lauf liegt *die Wahrheit auf der Straße*!

Bewahre deine Ruhe, wenn du in Eile bist!

Die 24 Stunden von Iserlohn 2010

Mit einer freudigen Erwartung fahre ich zu dem ersten langen Zeitlauf des Jahres. Gemeinsam mit Bodo Rathsburg und dem alten Schweden Karl-Gustaf Nyström schlage ich, am Tag vor dem Lauf, mein Nachtquartier in einer Umkleidekabine des Stadions auf. Danach gehe ich, um mit der Laufstrecke vertraut zu werden, in der Dunkelheit eine besinnliche Runde auf der Laufstrecke um den Seilersee. Die Strecke erscheint mir als anspruchsvoll. Neben ebenen Abschnitten hat sie einen längeren Anstieg und einen kurzen, steilen Abstieg. Ich lege mir eine Strategie zurecht: »Auf den flachen, sanft ansteigenden oder leicht abfallenden Abschnitten werde ich laufen. Bei dem steilen Teil des Anstieges werde ich vom Laufen zum schnellen Gehen übergehen und sobald die Kuppe erreicht ist, wieder mit dem Laufen beginnen. Den steilen Abstieg werde ich ganz langsam, meine Gelenke und Muskeln schonend, die Füße abrollend, hinunterlaufen. Mit diesem Rhythmus kann ich während der gesamten Laufzeit mit einer gleichbleibenden Belastung laufen.« Eine gleichbleibende Belastung halte ich aus Erfahrung für eine wichtige Voraussetzung für die erfolgreiche Beendigung eines langen Laufes. Durch diese Voraussetzung laufe ich mit einer gleichbleibenden Atmung und ohne große Schwankungen meiner Pulsfrequenz. An diese meine festgelegte Strategie halte ich mich mit Erfolg während der gesamten Laufzeit. Im Kreise meiner Läuferkameraden, deren Betreuer, den Helfern des Veranstalters, den Zuschauern sowie dem gesamten Umfeld fühle ich mich gut aufgehoben. Ich gehöre dazu! Von Beginn an läuft es gut. Ich denke: »Es läuft nicht immer! Aber wenn es läuft, dann lasse es laufen!« Ich fühle auch die positive Energie, die mir von den Menschen auf und an der Strecke entgegengebracht wird. Diese Energie erweist sich bereits seit vielen Jahren als sehr hilfreich für meine Leistung. In den freundlichen, wohlwollenden Blicken der mir begegnenden und laufenden Menschen erkenne ich auch die positive Energie, die ich auf andere Menschen übertrage. In der Energieübertragung und Gegenübertragung sehe ich ein spirituelles Geheimnis der miteinander verbundenen Läufergemeinschaft. Diese Lebenserfahrung konnte ich bisher nur in der Gemeinschaft der 24- und 48-Stunden-Läufer erleben. Kurz vor dem Ende geht die bereits über siebzig Jahre alte Christel Kunze aus Hamburg neben mir. Ihre Begleitung betrachte ich als eine Ehre für mich. Sie sagt zu mir: »Man müsste nochmals siebzig sein.« Mit dem nur ihr eigenen, verklärten Lächeln des ihr unverlierbaren Läuferglückes verbreitet Christel eine angenehme Ausstrahlung auf die gesamte Veranstaltung. Sie spricht über sich: »Wegen meiner Osteoporose leide ich unter starken Rückenschmerzen!« Nach dieser Aussage fragt sie mich mehrmals: »Hast du auch Rückenschmerzen?« Ich antworte immer wieder mit: »Nein!« Christel spricht weiter: »Ich laufe, weil ich gerne laufe! Durch das Laufen kann ich meine Krankheit zwar nicht heilen, aber ich konnte sie zum Stillstand bringen. Ich laufe weiter, solange ich laufen kann!«

Während der Siegerehrung werden alle Teilnehmer jenseits der siebzig Jahre als Vorbilder nicht nur für ältere Menschen vorgestellt und besonders geehrt. Nach einem kurzen Schlaf mache ich mich auf den Heimweg und kann meinen Gedanken einen freien Lauf lassen.

Bei meinem freien Lauf der Gedanken frage ich mich: »Wieso läufst du denn überhaupt?«

Nach kurzer Zeit meldet sich meine innere Stimme: »Das ist doch selbstverständlich! Nach deiner Geburt war doch das Laufen, noch vor dem Sprechen, das Erste und Wichtigste, was du für dein Leben gelernt hast. Kannst du dich noch daran erinnern? Laufen zu lernen war für dich, so wie für alle Menschen, sehr mühevoll und beschwerlich. Durch deinen angeborenen Bewegungstrieb hast du zuerst damit begonnen, dich im Liegen vorwärts zu bewegen. Etwas später gelang es dir bereits, auf beiden Beinen zu stehen. Während dieser Zeit hast du täglich Fortschritte gemacht! Eines Tages war es dir dann möglich, mithilfe deiner Eltern, die stolz auf dich waren, einige Schritte zu laufen. Nach diesem Erfolgserlebnis wolltest du unbedingt ohne Hilfestellung alleine laufen. Während dieser Entwicklungsphase bist du oft gestürzt. Du bist jedoch nach jedem Sturz, so wie in deinem weiteren Leben, in allen deinen Lebenslagen, nicht liegen geblieben, sondern immer wieder auf ein Neues aufgestanden! Deine Mutter sagte dir, als du sie danach gefragt hast: Du wolltest unbedingt alleine und ohne fremde Hilfe laufen! Bereits mit einem Alter von sechs Monaten hast du das Laufen gelernt! Du fragtest nach: ›Mutter, bin ich oft hingefallen?‹ Deine Mutter antwortete, weise lächelnd: ›Ja oft! Leonhard!‹« Liebe Leser: Sie wissen es alle! So mühevoll wie ich das Laufen lernte, so mühevoll lernten auch Sie das Laufen! Dies zu wissen sollten Sie niemals vergessen! Dieses Wissen sollte ihnen ständig bewusst bleiben! Wenn der Mensch nicht als Erstes nach seiner Geburt das Laufen lernen würde, so würde es die Menschheit nicht geben. Dies gilt nicht nur für den Menschen, sondern auch für alle auf der Erde lebenden Lebewesen. Jedes Lebewesen, das auf der Erde lebt, ist auf das Laufen ebenso angewiesen wie die Fische im Wasser auf das Schwimmen und die Vögel in der Luft auf das Fliegen. Um überleben zu können, war es seit dem Beginn der Menschheitsgeschichte bis vor Kurzem noch überlebensnotwendig, aus eigener Kraft, zu Fuß, vor Gefahren zu fliehen, Beute zu jagen oder Feinde anzugreifen. Bevor der Mensch mit Hilfe von Transportmitteln von einem Ort zum anderen gelangen konnte, war er auf das Laufen angewiesen. Bedenken Sie: Das Zeitverhältnis, von dem der Mensch auf seine Füße angewiesen war, ist im Vergleich zu der neuen Zeit der Transportmittel um ein Vieltausendfaches länger. Den Menschen der Gegenwart ist oft nicht bewusst, wozu sie überhaupt das Laufen gelernt haben. Ich denke manchmal: »Wenn der Mensch nicht mehr läuft, hätte er sich eigentlich die Mühe, das Laufen zu lernen, sparen können! Wozu lernt jemand etwas, das er nicht nutzt?« Da er jedoch das Laufen nun einmal gelernt hat, sollte er sich diese durch seinen angeborenen Überlebenstrieb erworbene, lebensnotwendige Fähigkeit erhalten. Diese Fähigkeit zu erhalten ist nach meiner Erkenntnis nur durch ein tägliches Laufen möglich. Der Mensch, der nicht mehr läuft, gerät schleichend in einen für ihn verhängnisvollen Degenerationsprozess. Diese schädliche Entwicklung betrifft nicht nur seine Beweglichkeit, sondern seine gesamte Persönlichkeit mit allen negativen Nebenwirkungen. Diese Entwicklung hat schleichend und oft unbemerkt zur Folge: »Sein Immunsystem wird geschwächt und nach und nach durch seine Inaktivität von ihm selbst, ohne dass es ihm bewusst ist, zerstört!« Aufgrund von Krankheiten an Körper, Geist und Seele verliert er seine Abwehrkräfte. Durch diese verhängnisvolle Entwicklung verliert er im Verlauf der Zeit auch sein Selbstwertgefühl, seine Lebensfreude und damit sein Lebensglück.

Liebe Leser: Ein Leben ohne Lebensfreude und Lebensglück kann nicht der Sinn des Lebens sein! Wegen dieser Erkenntnis will ich auch Sie dazu anregen, täglich zu laufen. Pflegen Sie täglich diesen Ihren kostbarsten Besitz so lange Sie können! Wenn Sie einmal glauben sollten:»Ich kann nicht mehr!«, so bedeutet dies noch lange nicht, dass Sie tatsächlich nicht mehr können. In dieser Situation dürfen Sie nicht schwach werden. Sagen Sie zu sich: »Ich glaube an mich! Ich kann noch lange laufen!« Wegen dieser Erkenntnis, durch eigene Erfahrungen, will auch ich, so lange ich mich bewegen kann, die Fähigkeit, täglich zu laufen, pflegen. Diese Erkenntnis erzeugt in mir Freude und Glück. Der in Deutschland bekannte Sportwissenschaftler Prof. Dr. Detlef Kuhlmann schrieb über mich:»Das ist doch sehr hart, was Stierhof schreibt! Ein laufender Mensch ist ein lebender Mensch! Ein stehender Mensch ist ein sterbender Mensch!« Ich bleibe dabei! Es gibt keine Kompromisse! Es ist so! Ich sehe es Tag für Tag! Wenn ich stehende Menschen beobachte, frage ich mich:»Warum laufen die denn nicht? Warum sind die denn so lange nicht mehr gelaufen, bis sie nicht mehr laufen konnten?« Wenn auch Sie, liebe Leser, mit offenen Augen durch die Straßen gehen und die Menschen beobachten, so werden auch Sie in viele der traurigen und teilnahmslosen, bereits sterbenden Augen von Menschen blicken, die nicht mehr laufen können. Darum laufen auch Sie so lange und so gut Sie können!« Ein Platz auf Ihrem Weg des Laufes auf der Mutter Erde unter Ihnen und dem Vater Himmel über Ihnen ist für sie bereitgestellt. Sie brauchen ihn nur zu benutzen! Ach ja: Er kostet nichts! Mein Gedankenlauf ist beendet. Nun bin ich wieder zu Hause. Am nächsten Tag melde ich mich für den 48-Stunden-Lauf von Gols in Österreich an.

Wissen ohne Weisheit bleibt unvollkommen!
Weisheit ohne Wissen bleibt unvollkommen!
Weisheit verknüpft mit Wissen bringt die Vollkommenheit!

Die 48 Stunden von Gols/Österreich 2010

In Gols angekommen fühle ich mich, ab sofort, als gut aufgehoben. Von den Mitgliedern des Veranstalterteams werde ich, obwohl ich vorher noch nie in diesem Ort war, wie jemand, der lange nicht da war und endlich wieder gekommen ist, begrüßt. Ich freue mich, in der Gemeinschaft dieser freundlichen, hilfsbereiten Menschen und meiner Läuferkameraden zwei Lauftage verbringen zu können. Am Vorabend des Laufes befragt der Streckensprecher die Läufer über ihr bisheriges Läuferleben. Mich fragt er: »Warum laufen Sie?« Meine Antwort: »Weil das Laufen das Erste und Wichtigste ist, was der Mensch nach seiner Geburt lernt!« Der Sprecher, so erscheint es mir, ist über diese einfache Aussage überrascht! Etwas später erwähne ich noch: »Am vergangenen Ostersonntag konnte ich in mein Lauftagebuch meinen 246.000 Laufkilometer eintragen!« Der Sprecher, so erscheint es mir wieder, ist nochmals überrascht. Am nächsten Tag um 10 Uhr stehen 29 hochkarätige Läuferinnen und Läufer am Start. Die Laufstrecke befindet sich auf flachen, asphaltierten Wegen, in einer gepflegten Parkanlage, mit einem Schatten spendenden Bestand von alten Pappeln, Linden und Eichen, mit einer Rundenlänge von einem Kilometer. Die beiden österreichischen Asse Franz Sack und Manfred »Stone« Steiner übernehmen, gefolgt von dem Ungarn Lazlo Fendrik, sofort die Führung bei den Männern. Bei den Frauen übernimmt ebenso sofort Daniela Dilling aus Bad Freienwalde, mit einem flotten, lockeren und unbekümmert auf mich wirkenden Laufstil, gefolgt von Christina Zoltan aus Budapest die Spitze. Ich selbst laufe von allem unbeeindruckt, jedoch ständig die Szene beobachtend, mein nur mir eigenes Tempo. Nach Mitternacht lege ich eine Ruhepause von zwei Stunden auf meiner Liege in der Sporthalle neben der Laufstrecke ein. Danach bleibe ich bis zu meinem täglichen Mittagsschlaf von einer Stunde am nächsten Nachmittag auf der Laufstrecke. Während dieser Pause weckt mich der Läuferkamerad Hans Hausl. Hans sagt: »Gehe zur Verpflegungsstelle! Es gibt warme Suppe!« Ich sage zu ihm: »Vielen Dank, lieber Hans! Wegen der Suppe stehe ich nicht auf! Wegen einer Suppe bin ich in meinem bisherigen Leben noch keinen einzigen Meter gegangen!« Hans wirkt nun, nach meiner Aussage, auf mich als von mir etwas enttäuscht. Deswegen sage ich zu ihm: »Wegen Frauen bin ich schon oft aufgestanden und sogar viele Kilometer gegangen!« Hans lächelt dazu und sagt: »Ich auch!« Als ich nach dieser Pause wieder unterwegs bin, verfinstert sich der Himmel. Eine angekündigte Unwetterwarnung mit Sturm und Regen wird zur Realität. Sie beginnt uns Läufer massiv zu behindern. Ich laufe trotzdem immer auf ein Neues, nach jeder beendeten Runde wieder eine neue Runde und denke an ein Gespräch vor dem Sonnenaufgang in Iserlohn. Ein noch junger Mann begleitete mich. Er begann zu sprechen: »Dies ist mein erster 24-Stunden-Lauf! Ich habe mir 160 km vorgenommen! Jetzt bin ich bereits bei 130 km angekommen und kann nicht mehr laufen! Du hast doch Erfahrung! Was soll ich machen?« Ich antwortete: »Gehe ein Stück mit mir gemeinsam! Ich denke nach!« Zuerst dachte ich: »Wenn er aufgibt, kann es sein, dass er nie wieder an einem 24-Stunden-Lauf teilnimmt! Wenn er dagegen durchkommt, so wird er dabeibleiben!« Jetzt begann ich mit ihm zu sprechen: »Setze dich nicht unter Druck! Du bist niemanden verpflichtet! Ob du 160 km oder weniger bewältigst, ist doch in der Relation zur Größe des Universums völlig unbedeutend! Bleibe bis zum Schluss auf der Strecke! Gebe niemals auf! Das Wichtigste ist das Beenden deines Laufes! Wenn du aufgeben willst, so hättest du doch gleich zu Hause bleiben können! Laufe oder gehe, so gut du noch kannst, Runde um Runde und Schritt für Schritt immer weiter! Sobald du eine Runde beendet hast, sage zu dir: ›Ich kann noch! Ich kann noch! Noch eine Runde!‹ Nach jeder Runde: ›Noch eine Runde, noch eine und immer wieder auf ein Neues, noch eine!‹« Nach dem Lauf ging er freudig auf mich zu, reichte mir seine Hand und rief: »Es hat geklappt, es hat geklappt, es hat geklappt! Ich danke dir!« Ich erkenne in Gols: »Aus dem Gespräch von Iserlohn konnte auch ich, trotz meines Alters, noch etwas für mich Wichtiges lernen!« Dieses Lernen ist die Bestätigung meiner mithilfe des Laufens gewonnenen Lebensphilosophie: »Meistere dein Leben in allen Lebenslagen mit innerer Heiterkeit und ruhiger Gelassenheit!« Ich laufe in Gols weiterhin, immer wieder auf ein Neues, immer weiter, Runde um Runde. Nach meiner 142. Runde ist die Laufstrecke abgesperrt. Der Veranstalter kann die Verantwortung für die Sicherheit der Läufer nicht mehr übernehmen. Der Lauf muss wegen des hereinbrechenden Unwetters zunächst unterbrochen und später abgebrochen werden. Während der Rückfahrt am nächsten Tag denke ich: »So gerne hätte ich den Lauf, Runde um Runde, nach 48 Stunden beendet! Aber gegen die höhere Gewalt der Natur ist der kleine Mensch machtlos!« Außerdem denke ich noch an Ewald Komar und an Sonja Forster: »Vor dem Lauf waren wir Fremde! Nach dem Lauf sind wir Freunde!«

Wer über Missstände im eigenen Land schreibt, der wird verachtet!
Wer über Missstände aus einem fernen Land schreibt, der wird geehrt!

n-tv-Videotexttafel 127 vom 09.06.2010

Wer glaubt noch Politikern?

Nach den Missbrauchskandalen ist das Vertrauen in Geistliche massiv gesunken.

Nur noch etwa die Hälfte (55 Prozent) der Deutschen hat dieses Vertrauen noch:

2009 waren es noch 72 Prozent. Laut einer Umfrage der Gesellschaft für Konsumforschung (Gfk.) stehen Feuerwehrleute, Ärzte und Polizisten an der Spitze.

Am unteren Ende der Messlatte verharren Manager, Banker und Politiker.

Letzteren vertrauen gerade einmal 14 Prozent der Deutschen.

Die 24 Stunden von Rockenhausen/Pfalz 2010

Die Meisterschaften der Deutschen Ultramarathon-Vereinigung sind für mich seit vielen Jahren zu einem der herausragenden Lauferlebnisse meiner jährlichen Laufsaison geworden. Es ist mir dabei nicht wichtig, eine besondere Leistung zu erzielen oder um eine gute Platzierung zu kämpfen. Es geht mir nur darum, und das ist für mich wichtig, in der Gemeinschaft, nicht nur mit den mir bereits bekannten, sondern auch mit neuen, mir bis dahin noch nicht bekannten Läufern in Harmonie und ohne jegliches Konkurrenzdenken gemeinsam zu laufen. Diese mich beglückende Harmonie beginnt bereits am Vorabend des Laufes mit dem Wiedersehen alter Weggefährten und deren Begleiter. Sie setzt sich anschließend während der gemeinsamen Übernachtung in der Sporthalle fort. Als ich meine Liege aufstelle und mich nach einem gemeinsamen Spaziergang mit Karl-Heinz Brausam auf mein Nachtlager niederlege, kann ich sofort, trotz einiger menschlicher Nebengeräusche, die dazugehören, bis zum nächsten Morgen in einen tiefen Schlaf versinken. Ich denke: »Hier bin ich zu Hause! Ich gehöre dazu!« Hier in dieser harmonischen Gemeinschaft genieße ich mein Wohlbefinden. Nach dem gemeinsamen Frühstück entsteht allmählich die vor dem Lauf übliche Geschäftigkeit. Nach dem Startsignal setzt sich die Gemeinschaft von 134 Läuferinnen und Läufern in Bewegung. Jeder Einzelne bewegt sich so, wie er sich am heutigen Tag bewegen kann. Bereits ab der ersten Runde behindert mich meine mitgebrachte Bronchitis, wegen der ich auf keinen Fall zu Hause bleiben wollte, durch Hustenanfälle und Atmungsbeschwerden. Ich denke: »Es wird für dich in diesem Zustand schwierig werden, diesen Lauf zu beenden! Aber unmöglich, unmöglich ist es, weil für dich nichts unmöglich ist, dennoch nicht!« Wie gewohnt bleibt mir genügend Zeit, nicht nur mit Läuferkameraden zu sprechen, sondern sie auch zu beobachten und über sie nachzudenken. Mein mir seit etwa 25 Jahren bekannter und bereits 88 Jahre alter Freund Horst Feiler sagt zu mir: »Leo! Ich sage dir etwas, was ich bisher noch nicht wusste! Ich bin im Jahre 1922 am gleichen Tag wie Emil Zatopek geboren! Zatopek ist im Jahre 2000 mit einem Alter von 78 Jahren verstorben! Jetzt haben wir das Jahr 2010, und ich, ich lebe und laufe noch immer!« Ich sage zu Horst: »Horst! Im Leben des Menschen gibt es keine Zufälle! Sehe darin eine Bestimmung für dich, am gleichen Tag wie der große Emil Zatopek das Licht der Welt erblickt zu haben!« Glücklich mit sich selbst läuft Horst weiter! Im weiteren Verlauf bewundere ich auch Sigrid Eichner. Mit einem Alter von über 70 Lebensjahren beginnt und vollendet Sigrid mit der unvergleichlichen Hingabe ihrer Persönlichkeit ihren Lauf. Sigrid läuft einen neuen deutschen Rekord in ihrer Altersklasse. Nach Mitternacht sehe ich, wie Heike Pawzik den von einem Schwächeanfall heimgesuchten Alfred Schippels unterstützt und ihn in sein Zelt begleitet. Alfred erholt sich wieder. Auch er läuft einen neuen deutschen Rekord in seiner neuen Altersklasse M 75. Zu Wolfgang Strosny sagte ich einmal: »Das ist schön von dir, weil du deinen Sohn zum Laufen gebracht hast!« Wolfgang antwortete mir: »Das ist bei uns umgekehrt! Nicht der Vater hat den Sohn, sondern der Sohn hat den Vater zum Laufen ermutigt!« Wolfgang kann stolz auf seinen Sohn sein. René wird der neue Deutsche Meister! Gabriele Grohmann wird nach Mitternacht mit einer erbarmungslosen Lautstärke von ihrem Betreuer gnadenlos angetrieben. Sie sagt Hilfe suchend zu mir: »Hilf mir doch! Der Kerl lässt mich nicht in Ruhe!« Ich denke dazu: »Bleibe neutral!« Gabriele wird mit einem knappen Vorsprung vor der ebenfalls eine Weltklasseleistung von über 210 km laufenden Marika Heinlein die neue Deutsche Meisterin. Nach dem Lauf frage ich die strahlende Gabriele: »Bist du immer noch wütend auf deinen Antreiber?« Sie sagt mit einem Lächeln: »Nein! Natürlich nicht! Ohne seine Hilfe hätte ich niemals gewonnen!« Ebenfalls nach dem Lauf sehe ich, wie Norbert Hoffmann, sichtlich mitgenommen, von einer jungen Frau, mit einem wie ihm aus dem Gesicht geschnittenen Aussehen, gestützt, zur Siegerehrung geführt wird. Ich gratuliere Norbert zu seinem Erfolg und frage schelmisch: »Ist das deine Frau?« Beide lachen daraufhin, und er sagt stolz: »Das ist meine Tochter!« Für meinen alten, bei allen seinen Läufen bis zur totalen Erschöpfung verbissen kämpfenden Läuferkameraden Franz Feller sind die Deutschen Meisterschaften, ebenfalls alle Jahre wieder, nicht nur für ihn selbst, sondern auch für seinen laufenden Sohn Stefan das herausragende Ereignis. An Stivi Fecher kann ich, sooft ich ihn auch sehe, bewundern: Er läuft, trotz einer Fehlstellung seiner Füße, mit seiner gesamten ihm zur Verfügung stehenden läuferischen Leidenschaft. Stivi holt mit seiner Leidenschaft das Letzte aus sich heraus! Das über sechzig Jahre alte Ehepaar Gisela und Wilfried Horn läuft nach seinem eigenen System gemeinsam. Zunächst übernimmt Gisela die Führung. Wilfried folgt ihr im Gleichschritt. Regelmäßig setzt sich dann Wilfried von Gisela ab und überrundet sie. Nach jeder der Überrundungen laufen dann beide bis zum Beginn der nächsten Überrundung wieder gemeinsam. Vor dem Ende laufen dann beide im Gleichschritt nebeneinander. Bei diesem Nebeneinander sind ihre Körper und, besonders sichtbar, ihre Köpfe einander zugewandt. Beide beginnen und beenden ihre Läufe gemeinsam, mit ihrer einzigartigen innerlichen und äußerlichen Vereinigung. Bei Tagesanbruch sagt Martin Bayer: »Meine Frau wünscht sich ein Spiegelei zum Frühstück!« Bereits in der nächsten Runde sehe ich, wie sich Else ihr Spiegelei munden lässt. Die Siegerehrung nach dem Lauf wird zu einem stimmungsvollen und feierlichen Ereignis der Gemeinschaft. Der Ehrenpräsident der Deutschen Ultramarathon-Vereinigung Harry Arndt lässt es sich nicht nehmen, jeden der Teilnehmer auch in diesem Jahr wieder zu ehren. Dem jetzigen Präsidenten Dr. Wolfgang Hinze, Wolfgang Olbrich, Dagmar Liszewitz und dem gesamten Team der DUV ist es gelungen, eine mustergültige Veranstaltung durchzuführen. Nach der Siegerehrung schlafe ich, bevor ich Sigrid zum Bahnhof bringe, einige Stunden in der nun leeren Halle. Als ich den Veranstaltungsort verlasse, erinnert nichts mehr an das Großereignis. Er wirkt auf mich so, als wenn niemand da gewesen wäre. »Läufer hinterlassen keine Spuren!«

Erfahrung

Der Laufverein LLC-Marathon-Regensburg war einst für viele Jahre meine sportliche Heimat. Ich hatte nie die Absicht, diesen Verein zu verlassen. An einem Sommertag wurde im vollbesetzten Saal des Stadlerbräukellers in Regensburg die jährliche Hauptversammlung mit anschließenden Neuwahlen abgehalten. Nach dem Wahlvorgang schritt ein mir bis dahin noch nicht bekannter, nicht groß gewachsener Mann, mit einem Aktenordner unter seinem Arm, sich wichtig nehmend, zum Rednerpult. Er begann nach seinem Rundumblick lautstark zu sprechen. Der Mann zählte dabei eine neue Vereinssatzung nach der anderen mit Nachdruck auf. In mir entstand, je länger er sprach, ein ständig wachsendes, unangenehmes, mein Wohlbefinden beeinträchtigendes Gefühl. Ich fühlte mich wie in einen Gerichtsaal, wo gerade ein Staatsanwalt sein Plädoyer vorträgt, versetzt. Ich fragte meinen Tischnachbarn: »Wer ist das?« Er antwortete mir: »Das ist der neue zweite Vorstand! Er ist Richter beim Arbeitsgericht!« Mein Blick wanderte nach dieser Information Hilfe suchend zur Ausgangstüre. Noch während der Versammlung verließ ich fluchtartig den Saal. Am nächsten Tag schickte ich dem Verein meine Austritterklärung. Der Austritt wurde angenommen. Nach den neuen Satzungen musste ich, unter Androhung einer Anzeige, für den Rest des laufenden Jahres den Vereinsbeitrag im Voraus überweisen. Als ich später über den Grund für meine spontane Entscheidung nachdachte, sah ich meine Eltern vor mir. Sie gaben mir auf meinen Lebensweg Folgendes mit: »Gehe dein ganzes Leben lang der Polizei und den Gerichten aus dem Weg! Wenn du mit denen etwas zu tun bekommst, hast du außer Unannehmlichkeiten nichts zu erwarten!« Diese Lebensweisheit konnte ich leider nicht immer einhalten! Heute erkenne ich es: »Meine Eltern hatten recht!«

Anmerkung

Gemeinsam mit meinem Freund Hans-Dieter Braun besuche ich seit einigen Jahren unseren alten, zu einem Pflegefall gewordenen Sportkameraden Anton (Sandaletti) Karl in einem Pflegeheim auf dem Schloss in Wöhrth an der Donau. Mit einem Alter von sechzig Jahren lief er die Halbmarathonstrecke in der Zeit von 1:19 Stunden! Beim Stadtmarathon von Frankfurt/Main belegte er einst in seiner Altersklasse, Männer 50 Jahre, einen herausragenden zweiten Platz. Wegen seiner sportlichen Leistungen wurde er zum Ehrenmitglied des LLC-Marathon-Regensburg ernannt. Zu seinem 80. Geburtstag ist es für Hans-Dieter und mich eine Selbstverständlichkeit, unseren alten Kumpel zu besuchen. Als wir das Zimmer von Anton betreten, ist der zweite Vereinsvorstand, der Anton, im Auftrag des Vereins zu seinem Ehrentag ebenfalls gratulierend anwesend. Zwischen ihm und mir entwickelt sich eine freundschaftliche, mich anregende Unterhaltung. Ich finde ihn nett, und er wirkt jetzt, viele Jahre nach der einstigen Jahreshauptversammlung, auf mich sehr sympathisch. Ich denke mit einem schlechten Gewissen: »Entferne, sobald du wieder zu Hause bist, sofort das, was du über ihn geschrieben hast, aus deinem Manuskript!« Nach dem Besuch gehen wir, uns weiterhin zwanglos unterhaltend, gemeinsam zum Parkplatz. Der nun zwischenzeitlich pensionierte Richter beginnt über einen mir nicht bekannten, aus seiner Sicht vermutlich dopingverdächtigen Marathonläufer, den er noch nie gesehen hat, zu sprechen. Er fällt sein Urteil über ihn! Zuletzt fällt er noch sein Urteil über die Laufzeitschriften. Sein Urteil lautet: »Die eine ist gut und die anderen kannst du alle vergessen!« Zu Hause angekommen entferne ich nichts. Mir wird es bewusst: »Der Richter ist auf seine Art ein anständiger Mensch! Er kann nicht anders! Durch seinen Lebenslauf und seine Lebenserfahrungen als Richter wurde sein Weltbild entscheidend geprägt!« Mein Lebenslauf und meine Lebenserfahrungen prägten ein völlig anderes Weltbild in mir. Das Weltbild von Albert kann deswegen nicht nur mit meinem, sondern auch mit dem Weltbild eines anderen Menschen vergleichbar sein! Ich will mich darum bemühen, nicht nur ihn, sondern auch andere Menschen ein wenig besser verstehen zu lernen. Bei seinem Vortrag bei der damaligen Jahreshauptversammlung wollte er sicherlich das Beste für seinen Verein. Er konnte nicht wissen, dass es empfindsame Leute wie mich gibt, die Satzungen und Vorschriften in ihrem Sport, den sie frei und unabhängig betreiben wollen, strikt ablehnen. Lieber Albert, wenn du diesen Beitrag eines Tages lesen oder darüber hören solltest, so bitte ich dich um Verständnis. Du bist der Mensch, der du bist!

Vor Gott sind wir beide so wie auch alle anderen Menschen gleich!

Wer in ständiger Angst, etwas falsch zu machen, lebt, der wird am Ende nichts tun!

Die Kolonialisierung der Europäischen Union
08.07.2010

Nachdem bereits deutsche Soldaten unter dem Vorwand der Terrorismusbekämpfung, im Auftrag der deutschen Bundesregierung, als legale Söldner, auf Kosten der deutschen Steuerzahler, für die Macht und Wirtschaftsinteressen der USA, in Afghanistan im Kampfeinsatz sind, wurde nun ein weiterer Schritt auf dem Weg der Kolonialisierung der EU durch die USA vollzogen. Das EU-Parlament in Brüssel erlaubt den USA den Bankdatenabruf der EU-Bürger. Das sogenannte »Swift«-Abkommen kann ab 01.08.2010 in Kraft treten. Das rückgratlose, aus meiner Sicht verantwortungslose und unter Druck gesetzte Europaparlament stimmte der Vereinbarung erwartungsgemäß mit großer Mehrheit zu. Diese Abstimmung erlaubt es den USA, unter der fadenscheinigen Begründung der Bekämpfung des internationalen Terrorismus, sämtliche Bankdaten aller europäischen Bankkunden abzurufen und auszuspionieren. Den USA zufolge hat das Abkommen (obwohl es erst am 01.08.2010 in Kraft tritt) bereits zu Fahndungserfolgen geführt. Nach der Parlamentskritik durch Datenschützer setzte das Parlament scharfe Kontrollen der USA, Anfragen und Rechtsschutz der EU-Bürger durch. »Bla-bla! Bla-bla-bla! Bla-bla!«

Otto und Heinrich Nr. 1

Otto sagt zu seinem Freund, dem klugen Heinrich: Der derzeitige Präsident der USA Barak Obama wurde mit dem Friedensnobelpreis ausgezeichnet!

Heinrich: Ja, das stimmt!

Otto: Was hat Obama bisher für den Frieden geleistet?

Heinrich: Obama hat bisher für den Frieden nichts geleistet!

Otto: Wieso wurde er dann mit diesem Preis ausgezeichnet?

Heinrich: Er hat in Kairo eine beeindruckende Rede über den Frieden vorgelesen!

Otto: Hat Obama diese Rede selbst geschrieben?

Heinrich: Nein! Natürlich nicht!

Otto: Wer schreibt seine Reden?

Heinrich: Die Reden lässt sein Pressesprecher von Medienfachleuten ausarbeiten!

Otto: Entsprechen diese Reden der Wahrheit?

Heinrich: Der Wahrheit schenken die Menschen keinen Glauben!

Otto: Wem soll ich denn noch glauben?

Heinrich: Bewerte in Zukunft Politiker nicht nach ihren Worten, sondern nach ihren Taten!

Begegnung an einer Ampel

Bei Rot steht eine noch junge, schlanke Frau, mit schwarzen Haaren und ausdrucksvollen, dunklen Augen, mit einer weißen Bluse und einer dunklen Hose bekleidet, neben mir. Sie mustert mich und sagt zu mir: »Sie haben einen Zwang zum Laufen!« Ich blicke ihr tief in die Augen, lege meine rechte Hand auf ihre linke Schulter, lächle sie an und entgegne ihr: »Ich laufe nicht aus Zwang, sondern aus Freude!« Die Frau antwortet: »Ja! Das sieht man!« Die Ampel schaltet auf Grün. Sie beginnt wieder zu gehen. Ich beginne wieder zu laufen. Ich fühle von hinten ihr Lächeln und den wohlwollenden Blick ihrer freundlichen Augen.

Wer immer nur kurze Strecken läuft,
der kann eines Tages keine langen Strecken mehr laufen!
Wer nicht läuft, der kann eines Tages überhaupt nicht mehr laufen!
Wer nicht mehr laufen kann, der hat seine Lebensqualität verloren!

Die 24 Stunden von Reichenbach 2010

Zwei Wochen nach dem Lauf von Rockenhausen mache ich mich auf den Weg zu meinem Heimspiel nach Reichenbach im sächsischen Vogtland. Wie gewohnt werde ich bei der Abholung meiner Startunterlagen von Elke, Constance sowie Stefan Werner und seinem Veranstalterteam wie ein alter Freund begrüßt. Stefan fragt mich: »Macht es dir denn in deinem Alter nichts aus, zwei Wochen nach Rockenhausen hier schon wieder zu laufen?« Meine Antwort lautet: »Es könnte mir nur dann etwas ausmachen, wenn ich mir darüber Gedanken machen würde!« Nach einem Abendspaziergang, der gemeinsamen Übernachtung in einer der Umkleidekabinen, mit Bodo Rathsburg, Diethard Steinbrecher und dem gemeinsamen Frühstück auf der Stadiontribüne, bereite ich Körper, Geist und Seele mit meiner speziellen Gymnastik auf meinen Lauf vor. Danach bin ich auf meine 24 Stunden eingestimmt. Ich kann zwar vorher nicht wissen, was alles auf mich zukommt, aber ich bin mir absolut sicher: Es wird nichts geben, was mich daran hindern könnte, meinen begonnenen Lauf nicht zu beenden. Wegen der hohen Temperaturen von plus 38 Grad Celsius beginne ich in aller Ruhe, mich ständig selbst beobachtend und laufend Wasser trinkend, mit einem meine Kräfte schonenden Laufschritt. Ich schlendere unbekümmert und fröhlich, wie ein laufender Spaziergänger, einen Schritt vor den anderen setzend, ganz einfach heiter dahin. Am späten Nachmittag sehe ich Stefan am Stadionausgang kniend auf der Tartanbahn. Neben ihm liegt ein großes, sonst an einer Wand hängendes Thermometer. Er ruft mir zu: »Die Lufttemperatur über der Bahn beträgt plus 52 Grad Celsius!« Ich bin noch zum Scherzen bereit und sage zu Stefan: »Das ist schön! Da bekommen wir wenigstens keine kalten Füße!« Ich fühle mich trotz der Hitze von Anfang an frisch und komme dadurch auch lange Zeit gut voran. Dieser Zustand wird am späten Nachmittag von einer Minute auf die andere durch einen Schwächeanfall unterbrochen. Ich erkenne an mir in dieser Situation, wie ich nur noch in der Lage bin, mich in Schlangenlinien langsam gehend und schwankend vorwärts zu bewegen. Ich höre noch, wie der Stadionsprecher Rainer Zimmermann besorgt zu mir sagt: »Leo! Du hast einen roten Kopf! Mache eine Pause!« Mein nächstliegendes Ziel ist jetzt das Erreichen meiner bereitgestellten Liege in der Umkleidekabine an der Laufstrecke. Nach einer kalten Dusche meiner Beine lasse ich mich, mit dem Wissen, wieder auf die Beine zu kommen, mit dem Rücken auf die Liege fallen. Jetzt fühle ich die Überhitzung meines gesamten Körpers und meines Kopfes. Während dieser Ruhepause lege ich von Zeit zu Zeit meine rechte Handfläche auf die heiß gewordene Stirne. Meinen Lauf setze ich erst fort, als die Stirne und der Körper abgekühlt sind und Körper, Geist und Seele gemeinsam den Wunsch äußern: »Wir wollen wieder laufen!« Fröhlich und mit meinem Wesen im Einklang kann ich dann mit einer Leistung von 105,784 km meinen Lauf am nächsten Tag um 10 Uhr beenden. Nach einem erholsamen Mittagsschlaf begebe ich mich, mit meinem unverlierbaren inneren Glück, zufrieden auf den Heimweg. Diesen Weg unterbreche ich, so wie auch die Jahre vorher, für eine Kaffeepause auf dem Rasthof Vogtland. Auf der Terrasse trinke ich gemütlich, im Schatten unter einem Sonnenschirm, einen doppelten Espresso. An diesem Ort fühle ich auf mich blickende Augen eines Menschen. Mein Blick richtet sich instinktiv über das Grün der Sträucher, welche die Terrasse umsäumen. Meine Augen blicken in die leuchtenden Augen eines mir sofort bekannten Menschen, den ich sehr lange nicht gesehen hatte. Wir winken uns zu, gehen uns entgegen und begrüßen uns mit einer freudigen Überraschung. Er sagt zu mir: »Meine Frau hat aus dem vorbeifahrenden Bus gesehen, wie du aus deinem Auto ausgestiegen bist, und hat zu mir gesagt: ›Gehe hin! Ich glaube, da ist einer, den du kennst!‹ Ich wollte ihr nicht glauben! Ihre Aufforderung befolgte ich nach einigem Zögern trotzdem!« Er fragt mich: »Was machst du denn hier?« Nach meiner Auskunft ist er nicht nur erfreut, sondern auch verblüfft darüber, weil ich noch immer laufe. Nach nur wenigen Minuten unserer vorbestimmten Begegnung sagt er: »Ich muss leider schon gehen, weil der Motor vom abfahrbereiten Bus bereits läuft!« Wir wünschen uns gegenseitig alles Gute und verabschieden uns eilig. Kurt hat während seiner aktiven Zeit als Marathonläufer auch nicht viel geredet. Als Ersatz für viele Worte ist umso mehr gelaufen. Kurt Prokisch aus Wald bei Regensburg war mein Vorgänger als Inhaber der Oberpfalzbestleistung im Marathonlauf, welche ich im Jahre 1963 verbesserte.

Mit meiner fröhlichen Stimmung setze ich danach meine Reise fort, kann mit einem heiteren Gemüt über Laufteilnehmer nachdenken und später meine Gedanken über sie festhalten.

Chris Dhooge vom A.V. Lockeren in Belgien

Vor dem Start lege ich mich in der rechten hinteren Ecke der Umkleidekabine noch einmal auf meine Liege. Von dieser Position aus kann ich die Läufer bei ihren Vorbereitungen für ihren Lauf unauffällig beobachten. Es öffnet sich die Eingangstüre. Ein mir bisher noch nicht bekannter Läufer betritt den Raum. Er erweckt sofort mein Interesse. Mit fast geschlossenen Augen kann ich ihn gut beobachten. Nach einem prüfenden Rundumblick wählt er die rechte vordere Ecke für sich als Umkleideplatz aus. Er ist nicht sehr groß, aber auch nicht kleinwüchsig. Sein Lebensalter schätze ich auf etwa 40 Jahre. Er wirkt auf mich, mit seiner schlanken, durchtrainierten Figur, seinen ruhigen, dunklen Augen, vollkommen abgeklärt und in Harmonie mit sich selbst lebend. Er befindet sich bereits auf der Bewusstseinsebene seines Laufes. Ich denke und sage dies auch zu Bodo: »Dieser Mann wird den Lauf gewinnen!« Bodo sagt, den Kopf über mich schüttelnd, dazu: »Woher willst du das denn wissen?« Ich antworte Bodo: »Ich erkenne es, ohne das Woher zu wissen!« Unauffällig, ein gleichmäßiges Tempo laufend, überlässt er natürlich von Anfang an die Führung ungeduldigeren Läufern. Er hat alle Zeit der Welt. Sein Wissen sagt es ihm: »Ein 24-Stunden-Lauf wird erst in den zweiten 12 Stunden entschieden!«

Nach 24 Stunden ist er, der 40-jährige Chris, mit einer für einen Hitzelauf überragenden Leistung von 184,917 km, der überlegene Sieger.

Katrin Schreiber aus Hoyerswerda

Katrin läuft mit einem schicken Laufröckchen bekleidet, fröhlich, lächelnd, leichtflüssig, locker und unbeschwert, Schritt für Schritt und Stunde um Stunde dahin. Ihr nur ihr eigenes Läuferglück geht ihr auch nach 24 Stunden nicht verloren. Nach ihrem Lauf wirkt sie auf mich wie eine Spaziergängerin, die gerade von ihrem Sonntagsspaziergang zurückkehrt. Mit ihrem fröhlichen Wesen sehe ich in ihr eine Bereicherung für jeden langen Ultralauf. Ich wünsche mir, Katrin noch oft sehen zu können!

Beate Plaumann aus Plauen im Vogtland

Beate kenne ich bereits von mehreren gemeinsamen 6-Stunden-Läufen. Während dieser Läufe ist sie mir durch ihr freundliches Wesen, ihr begeistertes Laufen und ihre starke Willenskraft angenehm aufgefallen. In Reichenbach wagt sie sich an den Start zu ihrem ersten 24-Stunden-Lauf. Sie sagt zu mir: »Ich will nur durchkommen!« Beate kommt selbstverständlich durch! Und wie sie durchkommt! Mit einer Leistung von 158,084 km erkämpft sie sich auf Anhieb den zweiten Platz in der Frauenklasse. Bei der Siegerehrung leuchtet aus ihren strahlenden blauen Augen ihr unverlierbares Glück.

Nicole Kresse aus Hersbruck

Bei Nicole handelt es sich um eine zierliche, stets freundliche junge Frau der deutschen Spitzenklasse. Sie besitzt die Verwegenheit, trotz der Hitze ihren Lauf mit einer schnellen Geschwindigkeit zu beginnen. Während der Laufzeit stellen wir uns gegenseitig vor. Ich versuche, ihr immer wieder Mut zu machen. Sie sagt zu mir: »Du bist mein neuer Leo!« Der DUV-Präsident Dr. Stefan Hinze steht ihr als ein sie betreuender Experte während des gesamten Laufes zur Seite. Nur laufen, laufen, laufen muss sie selbst! Am Ende werden auch ihr die Beine schwer. Mit 177,310 km wird sie die Siegerin der Frauenklasse. »Klasse!«

Ekkehard Steuck aus Taubenheim

Ekkehard ist einer meiner langjährigen Weggefährten von vielen gemeinsamen, langen Läufen. Auch er war erst zwei Wochen vorher bei den Deutschen Meisterschaften dabei und wurde Sieger in seiner Altersklasse M 65. Ekkehard läuft von der ersten bis zur letzten Minute bei allen seinen Läufen mit der gesamten Hingabe seines Geistes, seiner Seele und seines Körpers, mit seiner nur ihm eigenen und deswegen unvergleichbaren Leidenschaft, der inneren Freude. Vor einigen Jahren erlitt er einen Schlaganfall. Nach diesem Ereignis legte er sich nicht ergeben in den Rollstuhl, sondern begann wieder zu laufen. Ich glaube: »Für den getreuen Ekkehard wurde dieses Ereignis zu einem für ihn wichtigen Schlüsselerlebnis!«

Durch dieses Erlebnis hat sein Laufen für ihn einen neuen unverzichtbaren Stellenwert bekommen.

Wer um des Erfolges wegen läuft, der hat keine Freude am Laufen!
Wer des Laufens wegen läuft, der hat Freude am Laufen!
Wer Freude am Laufen hat,
der wird durch seinen Lauf ein glücklicher Läufer!
Ein glücklicher Läufer will dieses Glück immer wieder
auf ein Neues neu erleben!

Die Macht der unerschütterlichen Entschlossenheit

Am Vorabend der 24 Stunden von Reichenbach spreche ich mit einem jungen Mann, den ich noch nicht kenne. Er hatte bisher nicht nur an ultralangen Radrennen teilgenommen, sondern auch den Ironman-Triathlon von Hawaii erfolgreich beendet. Morgen wagt er sich an den Start zu seinem ersten 24-Stunden-Lauf. Ich frage ihn: »Was hast du dir für morgen vorgenommen?« Er antwortet selbstbewusst: »Ich will 200 km laufen!« Ich frage nach: »Hast du für dein Vorhaben einen Plan?« Er antwortet: »Ja! Ich laufe nach meinem genauen Zeitplan!« Ich wünsche ihm für sein Vorhaben viel Erfolg und denke: »*Die Wahrheit liegt auf der Straße!*«

Nach dem Start übernimmt er sofort, trotz der Hitze, mit einem ihn belastenden Tempo die Führung. Ich beobachte ihn aufmerksam und erkenne: »Er läuft über seine Verhältnisse! Das kann nicht gut gehen!« Er kann durch die Erfahrung, welche er erleben wird, lernen! Wenn er aus seinem Lernen die richtigen Lehren ziehen kann, so war dieser Lauf für ihn eine wichtige Lebenserfahrung. Bereits gegen Abend sehe ich ihn, im Schatten unter einem Sonnenschirm, neben der Laufbahn erschöpft auf einer Luftmatratze liegen. Liebevoll wird er von seiner Betreuerin, bei der es sich um eine blonde und langbeinige Schönheit handelt, mit zärtlichen Streicheleinheiten verwöhnt. Er kommt trotz dieser besonderen Zuwendung nicht mehr auf die Beine. Bevor beide den Ort verlassen, finde ich noch die Gelegenheit, seine Betreuerin etwas zu fragen: »Warum hat er aufgegeben?« Sie sagt zu mir: »Er konnte seinen Zeitplan nicht einhalten!« Ich frage nach: »Warum konnte er seinen Zeitplan nicht einhalten?« Sie erklärt mir: »Mein Freund ist Radrennfahrer! Durch das Radfahren haben sich die Muskelfasern seiner Beinmuskulatur verkürzt. Mit verkürzten Muskelfasern kann man nicht gut laufen!« Mir bleibt genügend Zeit, über ihn nachzudenken. Der Mann hatte sich vor dem Lauf ein falsches und dadurch unrealistisches Ziel gesetzt. Bei seinem Ziel, 200 km zu laufen, hat er die lange Laufzeit von 24 Stunden nicht bedacht. Er besaß nicht die unerschütterliche Entschlossenheit, einen 24-Stunden-Lauf zu beenden.

Rückblick:

Vor etlichen Jahren hatte ich bei einem meiner 24-Stunden-Läufe von Mühlhausen/F ein unvergessliches Erlebnis. Die Laufstrecke mit einer Rundenlänge von etwa 900 Metern führt um das Rechteck eines ehemaligen Hafenbeckens. Bereits vor dem Lauf erkannte ich aus Erfahrung an dem grünlich verfärbten Wasser: »Es kommt Regen!« Gegen Abend verfinsterte sich der Himmel. Mit Donner und Blitz ging ein Unwetter mit einem bis zum nächsten Tag anhaltenden Starkregen auf die Läufer nieder. Völlig durchnässt und unterkühlt liefen wir die ganze Nacht, bei sich in Grenzen haltender Lauffreude, durch knöcheltiefes Wasser und Schlamm. Im Verlauf der langen Nacht begann ich mit einem mir als noch jung erscheinenden Burschen zu sprechen. Er wirkte auf mich wegen der unangenehmen Begleiterscheinungen als nicht besonders fröhlich. Diese Unerfreulichkeiten zehrten sicherlich nicht nur an seinen Kräften, sondern beeinträchtigten auch nachhaltig seine Psyche. Im späteren Verlauf der Regennacht sagte er dann: »Ich habe keine Lust mehr!« Wenn ein Läufer, und nicht nur ein Läufer, keine Lust mehr hat, so kann er sein Ziel niemals erreichen! Gutes Zureden halte ich in dieser Situation für völlig überflüssig. Im weiteren Verlauf der langen Oktobernacht sah ich ihn völlig erschöpft, in seinem Zeltpavillon, gemeinsam mit einem Vereinskameraden und seinem hilflosen Betreuer, in der kalten Nässe, unterkühlt in seinem Liegestuhl sitzen. Sein Betreuer sagte bald danach zu mir: »Leo! Meine beiden Läufer haben aufgegeben. Ich verabschiede mich! Was soll ich hier noch als Betreuer ohne Läufer? Ich wünsche dir, den Lauf gut zu beenden!« Den jungen Burschen sah ich später mit großer Freude wieder. Er hat sich in der Zwischenzeit zu einem erwachsenen

Mann und einem gestandenen 24-Stunden-Läufer weiterentwickelt. Besonders aufgefallen ist mir an ihm seine positive Entwicklung während der Deutschen Meisterschaften von Rockenhausen! Er wirkte auf mich so, als wenn er um einen Kopf größer geworden wäre! In seinen Augen leuchtete nun das Feuer seiner unerschütterlichen Entschlossenheit. Mit 198 zurückgelegten Kilometern erreichte Peter Wagner eine mir als grandios erscheinende Leistung. Ich bin stolz darauf, Menschen wie Peter kennen zu dürfen. Dem jungen Mann von Reichenbach wünsche ich den gleichen Entwicklungsprozess wie Peter.

Naturgesetz:
Entschlossene Menschen sind die Sieger!
Unentschlossene Menschen sind die Verlierer!

Der Schwächeanfall

Bereits am Sonntag nach dem Lauf von Reichenbach fühle ich mich gut erholt und unternehme bei immer noch hohen Temperaturen einen 180-Minuten-Lauf. Ich wähle eine meiner Wendepunktstrecken, bei denen ich nach 90 Minuten umkehre und den Rückweg auch in 90 Minuten bewältige. Kurz nach dem Wendepunkt beginne ich allmählich, ohne es sofort an mir zu erkennen, in Schlangenlinien und mit damit verbundenen Gleichgewichtsstörungen zu laufen. Die Straße unter meinen Füßen erkenne ich im hellen Sonnenschein nur noch schemenhaft. Nach dieser Wahrnehmung bleibe ich kurz stehen, trinke etwas Wasser und atme, um den Körper besser mit dem lebensnotwendigen Sauerstoff zu versorgen, tief ein und aus. Anschließend beginne ich zunächst langsam, dann etwas schneller zu gehen. Nach einiger Zeit des Gehens wechsle ich in einen langsamen Dauerlauf über. Noch nicht weit gekommen, fange ich auf der ebenen Straße an zu stolpern und drohe sogar, auch wegen der Gleichgewichtsstörungen, zu stürzen. Jetzt wird es mir bewusst: »Du hast einen Schwächeanfall!« Um mein Zuhause erreichen zu können, hole ich meine kosmische Kraftquelle, die mir bisher immer, weil ich an sie glaube, weitergeholfen hat, aus meinem Unterbewusstsein. Ich bleibe erneut kurz stehen – schließe meine Augen – blicke nach innen – fühle mich – ich bin – öffne meine Augen – blicke in das Blau des Himmels – ich bin mit dem Universum verbunden – ich kann hier und jetzt meine kosmische Energie abrufen – meine Energie fühle ich jetzt in mir – meine innere Stimme sagt zu mir: »Du bist jetzt hier! Deine Haustüre ist dort!« Mein geistiges Auge kann diese Haustüre sehen! Diese Türe verliere ich nicht aus den Augen! Später kann ich mich nicht mehr daran erinnern, wie ich zu ihr hingekommen bin! Nach einem erholsamen Mittagsschlaf wird es mir bewusst: »Du konntest diese Situation meistern, weil du ohne Angst fröhlich geblieben bist!«

Ein in allen Lebenslagen fröhlich bleibender Mensch kennt keine Angst!
Am nächsten Tag melde ich mich für die 48 Stunden von Kladno an!

Wer tut, was er nicht liebt, der kann durch sein Tun
nicht glücklich werden!
Wer tut, was er liebt,
der wird durch sein Tun sein Glück finden!

Die 48 Stunden von Kladno bei Prag 2010

Nachdem der 48-Stunden-Lauf von Gols wegen eines Unwetters nicht beendet werden konnte, will ich in diesem Jahr die letzte Möglichkeit wahrnehmen, um an einem dieser langen Zeitläufe teilzunehmen. Obwohl ein 24-Stunden-Lauf für mich immer wieder zu einem nachhaltigen Lauferlebnis wird, kann ich die 24 mit den 48 Stunden nicht vergleichen. An den Start zu einem 48-Stunden-Lauf wagen sich nur wenige, jedoch ganz besondere und außergewöhnliche Menschen. Während der 48 Stunden bleibt mir genügend Zeit, mit ihnen zu sprechen, sie kennenzulernen, zu beobachten und später über einzelne zu schreiben, so wie ich sie in den zwei Tagen erleben konnte. Aus diesem Grund sind die 48 Stunden etwas ganz Besonderes für mich. Wenn ich nach dem Unterschied zwischen einem 24- und einem 48-Stunden-Lauf gefragt werde, so antworte ich stets wie gewohnt scherzhaft: »Da gibt es eigentlich keinen großen Unterschied! Ein 48-Stunden-Lauf beginnt einen Tag früher und er endet um die gleiche Zeit wie der 24-Stunden-Lauf!« Die Laufstrecke im Sportpark von Kladno kenne ich bereits von den 48 Stunden des letzten Jahres. Mein geistiges Auge beginnt bereits eine Woche vor dem Start diese Laufstrecke zu sehen. In meiner weiteren Vorstellung während meiner täglichen Läufe in diesem Zeitraum beginne ich gleichzeitig damit, den Boden von Kladno unter meinen Füßen zu fühlen. Obwohl ich noch in meiner gewohnten, heimischen Umgebung laufe, kommt es mir dadurch so vor, als wenn ich bereits auf dem Rundkurs des Laufes unterwegs wäre. Mein Körper, mein Geist und auch meine Seele stimmen sich auf diesen 2-Tage-Lauf ein. Nach meiner Gymnastik, einem reichhaltigen Frühstück und einem kurzen, vorgezogenen Mittagsschlaf gehe ich, wie gewohnt, in freudiger Erwartung an den Start meines Laufes. Mit meiner inneren

Ruhe beginne und beende ich, ohne mich zu überfordern, so wie ich es mir antrainierte, mit meinem inneren und auch äußeren Lächeln auch diesen Lauf. Bei der Siegerehrung erfahre ich meine Leistung: »Der älteste Teilnehmer hat 195,460 km zurückgelegt!« Bevor ich anschließend auf meiner Liege in einen kurzen Schlaf versinke, danke ich mit einem Gebet meinem Gott, so wie ich ihn verstehe, für dieses für mich wunderbare Lauferlebnis. Ich denke: »Nichts ist selbstverständlich. Alles in deinem Leben ist dir geschenkt. Darum freue dich in Dankbarkeit für den Lauf deines Lebenslaufes! Lebe jedoch ständig in dem Bewusstsein: So wie jeder Lauf einen Anfang und ein Ende hat, so hat auch jeder, auch dein Lebenslauf, einen Anfang und auch ein Ende!« Liebe Leser: Lernen Sie ohne Angst vor dem Sterben in dem Bewusstsein zu leben! Auch mein Lebenslauf hat einen Anfang und ein Ende! Ich wünsche Ihnen die Kraft dazu, mit Freude das Beste für Sie daraus zu gewinnen. Während der 48 Stunden bleibt mir wieder Zeit, mit Läuferkameraden zu sprechen, sie zu beobachten und über sie so zu schreiben, wie ich sie nur bei diesem Lauf wahrnehmen kann.

Dieter und Marianne Albert aus Goldbach

Sooft ich Dieter und seine Frau Marianne auch sehe, treffe ich mir seit vielen Jahren vertraute Lauffreunde. Dieter läuft mit der gesamten Hingabe seines Herzens, so gut er kann, jeden seiner Läufe zu Ende. Marianne steht als seine Betreuerin mit der gleichen Hingabe ihrem Dieter zur Seite. In Dieter und Marianne erkenne ich ein zusammengewachsenes Team, bei dem jeder seine Aufgabe erfüllt. Dieter bewältigt großartige 204 km. Mit dieser hervorragenden Leistung können Dieter und Marianne ein Wochenenderlebnis, wie es nur wenigen Ehepaaren beschieden sein kann, gemeinsam erleben. »Lieber Dieter! Hast du das wirklich auch so gemeint, als du über dich sagtest: ›Ich habe die Rauchsucht gegen die Laufsucht eingetauscht!‹? Ich erkenne dich anders: ›Du hast die Rauchsucht besiegt und dafür dein Läuferglück für dich gewonnen! Dein Läuferglück möge dir in deinem laufenden Lebenslauf noch lange erhalten bleiben!‹«

Peter Solnicka aus Tschechien

In Peter sehe ich einen nicht sehr groß gewachsenen, leichtgewichtigen und dadurch leichtfüßigen Mann im besten Ultraläuferalter von etwa fünfzig Lebensjahren. Von Anfang an läuft er, einem Uhrwerk gleichend, mit seinem lockeren, wie schwerelos auf mich wirkenden Laufstil Runde um Runde. Ich selbst werde von ihm immer und immer wieder überrundet. Er erscheint mir so, als wenn er niemals ermüden würde. Eine junge, wie ein Mädchen auf mich wirkende Frau steht, sooft ich auch an seinem Versorgungsstand vorbeikomme, als seine hilfreiche Betreuerin und Sekretärin für ihn bereit. Sie führt für Peter ein Rundenprotokoll, in dem sie, mir völlig überflüssig erscheinend, jede seiner Rundenzeiten schriftlich dokumentiert. Bereits am Nachmittag des ersten Tages übernimmt Peter die Führung in der Gesamtwertung. Die zu diesem Zeitpunkt an zweiter und an dritter Stelle liegenden Simon Schmid aus der Schweiz und Carsten-Alfred Mattijiet aus Deutschland unterhalten sich über diese Laufsituation. Simon sagt: »Lass ihn laufen! Ich bin der Schnellere! Vor dem Ende werde ich meine Schnelligkeit gegen ihn ausspielen und ihn überholen!« Am Nachmittag des zweiten Tages sehe ich Peter, mir wie bewusstlos erscheinend, auf einer der Parkbänke liegen. Seine Betreuerin wickelt ihn liebevoll in eine wärmende Wolldecke. Am Abend erhebt er sich wieder. Er läuft ab jetzt, nicht nur die gesamte zweite Nacht, sondern auch den nächsten Vormittag, bis zum Ende um 12 Uhr mittags, ohne eine weitere Unterbrechung, nicht mehr locker, sondern kämpfend seinen Lauf zu Ende. Peter erzielt mit der Leistung von 348,520 km einen neuen tschechischen Rekord.

Hans Hausl aus Nettingsdorf bei Linz in Österreich

Hans konnte ich bereits während der 48 Stunden von Gols kennenlernen. Auch er will hier und jetzt seine 48 Stunden, die in Gols abgebrochen werden mussten, vollenden. In der Halle schlagen wir, als ein Zeichen gegenseitiger Wertschätzung, als Nachbarn auf Zeit, unser Nachtlager nebeneinander auf. Am Abend vor dem Lauf unternehmen wir einen gemeinsamen Spaziergang. Hans spricht über sich: »Ich bin mit einem angeborenen Geburtsfehler zur Welt gekommen! Wenn ich kein Läufer geworden wäre, so wäre diese Behinderung niemals entdeckt worden! Wegen dieser Behinderung war es mir bisher nicht möglich, mein volles Leistungsvermögen auszuschöpfen! Weil ich während meiner langen Läufe ständig Herz- und Atembeschwerden bekam, ließ ich mich untersuchen! Bei dieser Untersuchung wurde die Verengung einer Blutbahn in meinem Herzen festgestellt! Nach einer komplizierten Operation, vor der ich keine Angst hatte, kann ich jetzt wie befreit laufen! Diese Operation sehe ich als den größten Glücksfall in meinem Leben! Ich freue mich auf diesen Lauf! In den letzten der Stunden werde ich einer der wenigen sein, die nicht gehen müssen, sondern noch laufen können!« Fröhlich lächelnd beendet Hans freudig laufend sein Rennen. Mit einer Leistung von 281,731 km stellt er einen neuen österreichischen Landesrekord in seiner Altersklasse M 55 auf. Nach einem gemeinsamen kurzen Schlaf auf unserem Nachtlager verabschieden wir uns als Freunde. Wir wünschen uns gegenseitig alles Gute und hoffen, so Gott will, uns im nächsten Jahr irgendwo bei gemeinsamen Läufen wiedersehen zu können.

Anmerkung

Im darauf folgenden Jahr vermisse ich Hans, nicht nur bei den Läufen von Gols, Grieskirchen, sondern auch hier in Kladno. Sein Nachtlager neben mir in der Halle bleibt leer. Ich denke: »Hans wollte nach dem Lauf des letzten Jahres nach Thailand fliegen. In Thailand glaubte er eine zärtliche Frau, die ihm die Liebe, zu der die Frauen in seiner Heimat nicht fähig sind, schenkt, zu finden und zu heiraten. Hans wird jetzt«, so denke ich, während ich laufe, »unter Palmen am Strand das süße Leben in vollen Zügen genießen!« Reinhold Strasser aus Linz, der einen Läufer, der ebenfalls aus Linz kommt, betreut, fragt mich, als ich nach einer Ruhepause auf meiner Liege erwache: »Leo! Wie geht es dir?« Ich antworte: »Ganz gut! Aber ich vermisse den Hausl Hans. Mit meinem Freund Hans wollte ich mich in diesem Jahr hier spätestens wieder treffen!« Reinhold wird ernst, blickt mir in die Augen und sagt zu mir: »Ja weißt du das denn nicht? Der Hans ist doch im letzten Jahr, nur neun Tage nach dem Lauf von Kladno, beim Rasenmähen in seinem Garten tot umgefallen. Der Lauf von Kladno im letzten Jahr war sein letzter Lauf. Wir Läufer aus Linz waren alle bei seiner Beerdigung.« Die Aussage von Reinhold kann ich zunächst noch nicht begreifen. Als ich wieder auf der Strecke bin, wird mir sein Tod bewusst und ich werde von einem Weinkrampf heimgesucht. Nach diesem Anfall beschließe ich: »Lieber Hans! Diesen Lauf werde ich nur dir widmen. Deine Seele und dein Geist laufen in mir mit!« Nach diesem Beschluss kommt es mir so vor, als wenn ich die Kraft von Hans in mir fühlen könnte. Später denke ich: »Es war Gottes Wille, dass wir uns auf Erden sehen konnten, und es ist ebenso Gottes Wille, dass wir uns auf Erden nicht wiedersehen können. Sein Wille geschehe, wie im Himmel, so auf Erden!«

Cornelia Bullig aus Erkrat in Deutschland

Conny und ihren Siegfried konnte ich bereits vor vielen Jahren bei einem der 24-Stunden-Läufe von Bobingen bei Augsburg kennenlernen. Seit dieser Zeit freue ich mich immer wieder auf ein Neues, wenn ich Conny bei ihren Läufen sehen und bewundern kann. Auch Conny hat erst dann, als sie ihre Rauchsucht besiegen konnte, zu ihrem Läuferglück gefunden. Mit ihrem Mann Sigi steht ihr ein Laufexperte als ihr persönlicher Betreuer, während sie rennt, ohne Unterbrechung zur Seite. Vermutlich überträgt Sigi seine eigene Energie, während Conny rennt, auf Conny. Durch diese Energieübertragung kann Conny nicht nur mit der ihr eigenen, sondern mit einer doppelten Energie laufen. Conny lässt ohne längere Pausen mit ihrem nur ihr eigenen, in sich gekehrten, wie verklärt auf mich wirkenden, inneren Lächeln die Stunden laufend an sich vorüberziehen. Nur wenige Stunden vor dem Ende sage ich zu dem an der Laufstrecke stehenden Sigi: »Sigi! Sage doch der Conny, sie soll in der jetzigen Situation ständig tief ein- und ausatmen! Damit ihr Körper mit dem nötigen Sauerstoff versorgt wird!« Sigi antwortet: »Das habe ich ihr schon gesagt! Das macht sie auch! Trotzdem vielen Dank, Leo!« Conny und Sigi erleben eine Sternstunde in ihrem gemeinsamen laufenden Lebenslauf! Mit bewältigten 346,220 km verbessert Cornelia Bullig den bisherigen Weltrekord in ihrer Altersklasse um 2 km!

Wer sich selbst kennenlernen will: »Der laufe Marathon!«
Wer sich selbst erforschen will: »Der laufe 48 Stunden!«

Begegnung an einem Getreidefeld

Am Rande eines abgeernteten Feldes steht ein bis zum Rand mit Gerste beladener Anhänger. Ein alter Mann bemüht sich, den Anhänger an die Zugmaschine anzukoppeln. Ich erkenne sofort: »Dies kann nicht funktionieren!« Die Höhen der Anhängerkupplung und der Anhängervorrichtung stimmen nicht überein. Ich gehe hin – hebe die Anhängervorrichtung nach oben – winke dem Fahrer zu – fahre rückwärts – wir verstehen uns – der Anhänger ist angekoppelt. Obwohl ein herannahendes Gewitter in der Luft liegt, steigt der Fahrer ab und spricht mit mir. Er sagt: »Du bist doch der Mann, den ich immer laufen sehe! Ich selbst bin 78 Jahre alt, leide ständig unter Schmerzen im Rücken, in den Kniegelenken und in den Beinen! Laufen so wie du kann ich schon lange nicht mehr! Kannst du mir sagen, wie du das machst, dass du immer noch laufen kannst?« Meine Antwort: »Ich kann noch laufen, weil ich täglich laufe! Wenn der Mensch damit beginnt, nicht mehr jeden Tag zu laufen, so verliert er allmählich, ohne dass es ihm bewusst ist, die Fähigkeit, laufen zu können!« Nur wer, nachdem er das Laufen gelernt hat, ständig weiterläuft, der kann auch bis in das hohe Alter laufen. Der Mann sagt nachdenklich dazu: »Du hast recht! Wenn ich an die Zeit, als ich noch ein Kind war, zurückdenke, so wird mir bewusst: Damals hat es noch keine Autos gegeben! Meine Eltern und wir Kinder sind überall, auf die Felder, in die Wälder, in die Schule, in die Stadt und auch am Sonntag in die Kirche, zu Fuß hingegangen! Wir waren damals alle gut zu Fuß! Heute dagegen können wir nicht einmal mehr weit gehen! Krankheiten wie Kreislauf- und Gelenkerkrankungen waren damals noch nicht bekannt.« Ich ergänze noch kurz: »Vermutlich schleppten die Menschen während der Zeit deiner Kindheit auch wesentlich weniger Körpergewicht mit sich herum als die heutigen!« Er nickt mit dem Kopf und sagt noch: »Ich danke dir für dieses Gespräch! Morgen will ich mit dem Laufen anfangen!« Wir verabschieden uns, und ich rufe ihm noch nach: »Fahre schnell mit deiner Fuhre Getreide heim! Es wird bald regnen!« Fröhlich mir zuwinkend, setzt er seine Fuhre in Bewegung.

Wer rastet, der rostet. – Wer lange rostet, der rostet ein. –
Wer eingerostet ist, der ist bald verrostet.

Begegnung in einem Stehcafé

Während der Zeit um das Jahr 1970 war ich einer der regelmäßigen Besucher der Samstagssauna im Ottobad am Fischmarkt in Regensburg. Bei den Saunabesuchern handelte es sich um Männer aller Altersgruppen, Berufsgruppen sowie sämtlicher sozialer Schichten. Im Vordergrund standen damals, aus meiner heutigen Sichtweise, nicht der eigentliche Zweck eines Saunabesuches, sondern die Diskussionen über aktuelle Ereignisse und die Pflege der Geselligkeit. Die Samstagssauna wurde für die Teilnehmer zu einem Saunastammtisch. Einer dieser Saunabesucher war ein junger, groß gewachsener, schlanker und auch gut aussehender, hoffnungsvoller Fußballspieler. Während einer für ihn verhängnisvollen Nacht erlitt er einen Verkehrsunfall. Sein Wagen überschlug sich in einer Kurve bei der Abfahrt von der Dechbettener Eisenbahnbrücke und landete in einer Kleingartenanlage. Neben mehreren Knochenbrüchen und Kopfverletzungen verlor er ein Auge. Durch diesen Unfall wurde der Beginn seiner hoffnungsvollen Sportkarriere jäh beendet. Nach der langwierigen Heilung seiner Verletzungen gab ein geborener Kämpfer wie er niemals auf, sondern spielte, sobald er wieder laufen konnte, weiterhin sein geliebtes Fußballspiel. Allmählich ging ich dann eines Tages nicht mehr regelmäßig, sondern nur noch gelegentlich und eines Tages überhaupt nicht mehr in meine Samstagssauna und verlor dadurch die Mitglieder aus den Augen. Im Jahre 2010 besuche ich ein Stehcafé in Regensburg. Ein älterer, groß gewachsener, schlanker, mit bereits grauem, jedoch noch dichtem Haarwuchs und auf mich etwas hilflos wirkender Mann stellt sich an der Kasse an. Er trägt mit beiden Händen große, mir schwer erscheinende, vollgepackte Plastiktüten. Das Gewicht der Tüten und das Anstellen an der Kasse erkenne ich als eine für ihn große Anstrengung. Es dauert nicht lange: Er legt seine Last auf den Boden und schiebt sie mit den Füßen, gekonnt, wie ein Fußballspieler den Ball, vor sich her. Als er endlich seine Tasse Kaffee in den Händen hält, kommt er zu mir her und fragt mich: »Kennen Sie mich? Weil Sie mich die ganze Zeit so interessiert angesehen haben?« Jetzt sage ich zu ihm: »Du bist der Max Eberl! Ich kenne dich von der Samstagssauna am Fischmarkt!« Er ist verblüfft und zugleich erfreut über mein Erinnerungsvermögen und fragt: »Wer sind Sie?« Nach meiner Vorstellung kann auch er sich an mich erinnern. Wie gewohnt frage ich nach: »Wie geht es dir? Spielst du noch Fußball?« Max Eberl beginnt über sich zu sprechen: »Nach einem Verkehrsunfall, bei dem ich ein Auge verlor, konnte ich nie wieder so gut wie vorher Fußball spielen! Ich habe trotzdem niemals aufgegeben und spielte bis zu meinem 57. Lebensjahr, zuletzt bei den alten Herren weiter. Dies konnte ich nur, weil ich zusätzlich bis zu neunmal in der Woche gelaufen bin! Vor acht Jahren erkrankte ich an Schilddrüsenkrebs! Ich gebe niemals auf! Nach den Operationen und Therapien gelte ich jetzt als geheilt! Laufen so wie du kann ich seit dieser Erkrankung und auch wegen meiner durch das lange Fußballspielen geschädigten Gelenke leider nicht mehr! Rad fahren, ja Rad fahren, das kann ich noch! Ich gehöre einer Gemeinschaft von Radsportlern in Regensburg an! Wir unternehmen regelmäßig lange Radtouren! Diese kameradschaftlichen Gemeinschafts-erlebnisse bereiten mir sehr viel Freude! Wenn es mir dabei einmal nicht so gut gehen sollte, bin ich bei guten Freunden in besten Händen!« Wir verabschieden uns und wünschen uns gegenseitig weiterhin alles Gute und die Kraft, niemals aufzugeben! Nach der Verabschiedung denke ich: »Der Eberl Max hat es verdient, dass ich über ihn schreibe! In ihm sehe ich ein Vorbild für alle Menschen!«

Sehe in einem jeden Tag, den du erleben kannst, ein Geschenk!
Sei dankbar für dieses Geschenk!
Freue dich jeden neuen Tag auf ein Neues für dieses Geschenk!

Die sechs Stunden von Weißenstadt/Fichtelgebirge 2010

Ein 6-Stunden-Lauf ist für mich niemals mit einem 24- oder gar 48-Stunden-Lauf vergleichbar. Er wird anders gelaufen. Sechs Stunden werden schneller, dadurch mit einem höheren Energieverbrauch und ohne eine Pause durchgelaufen. Aus diesem Grund muss auch jeder 6-Stunden-Lauf, ebenso wie auch ein Marathon, erst einmal gelaufen werden. Vom Beginn an versuche ich, so gut es noch geht, mit einem zügigen und gleichmäßigen Tempo zu laufen. An einer Digitaluhr sehe ich nach einer jeden der Runden um den Weißenstädter See, so wie bereits sechsmal vorher, meine Rundenzeiten. Nach der ersten Runde sagt mein Körper: »Du bist eine Minute zu langsam! Lasse mich bitte etwas schneller laufen und du wirst die gute Zahl von 50 Kilometern nach sechs Stunden bewältigen!« Meine innere Stimme sagt dazu: »Es ist doch egal, ob du 50 oder nur 48 oder 49 Kilometer zurücklegst!« Der Körper entgegnet: »Das ist nicht egal! Eine vorne stehende Fünf sieht auf jeden Fall schöner als eine Vier aus! Bedenke außerdem: Dieser Lauf kann für dich die letzte Gelegenheit sein, in deinem Lebenslauf noch einmal über fünfzig Kilometer innerhalb von sechs Stunden zu laufen!« Diese verlockende Zahl beschleunigt nach dieser Zwiesprache meine Schritte auf die genaue Richtgeschwindigkeit. Jürgen Fries läuft die ersten der Runden mit mir gemeinsam. Dann verlieren wir uns aus den Augen. Von nun an laufe ich alleine, kann meinen hellen Gedanken ihren freien Lauf lassen, mich selbst, andere Läufer, Spaziergänger und auch die Natur wahrnehmen. Zu einem wertvollen Erlebnis wird für mich die Beobachtung des Zweikampfes um den Sieg der beiden Frauen, zwischen Pamela Veith vom TSV Kusterdingen und Barbara Mallmann von der LG Ahlen. Zunächst laufen beide gemeinsam.

Dann übernimmt Barbara die Führung. Pamela verliert in dieser Situation als Verfolgerin, und dies ist nicht nur bei Läufen wichtig, Barbara nicht aus den Augen. Solange der eine den anderen im Blickfeld hat, hat er den Kontakt und damit den Anschluss noch nicht verloren. Kurz vor dem Ende schließt Pamela zu Barbara wieder auf und geht mühelos an ihr vorbei. Während der Siegerehrung sitzen dann beide in Freundschaft verbunden beisammen. Es bereitet mir auch eine große Freude, den Sieger des Transeuropalaufes von Lissabon nach Moskau, Robert Wimmer vom TSV-Zirndorf, mit seinem raumgreifenden Laufstil immer wieder nach seinen Überrundungen meinem Blickfeld entschwinden zu sehen. Mein langjähriger Weggefährte Rainer Fritsch läuft, so wie ich ihn kenne, mit seinen nun schon etwas lichter gewordenen, wehenden Haaren ebenfalls ein paar Mal an mir vorbei und fragt, was ich von ihm gewohnt bin: »Wie geht es, Leo?« Wie gewohnt antworte ich: »Danke gut, und dir?« Rainer antwortet wie immer: »Zäh!« Eine besondere Freude entsteht in mir, als ich höre: »André Dreilich aus Leipzig feiert am heutigen Tag mit diesem Lauf seinen 50. Geburtstag!« Nach dem Lauf, den er als der Sieger seiner Altersklasse beendet, beglückwünsche ich ihn auch zu seinem grandiosen Sieg mit einer persönlichen Bestleistung von über 200 km bei dem diesjährigen 24-Stunden-Lauf von Berlin. Bei Roland Blumensaat handelt es sich um den Neffen von August Blumensaat aus Essen. August war während der fünfziger und noch bis Anfang der sechziger Jahre des letzten Jahrhunderts einer der besten deutschen Marathonläufer. Ich selbst hatte das Glück, diese berühmte Lauflegende laufend erleben zu können. Roland ist als Lauftherapeut in Nürnberg tätig. In Weißenstadt führt er, durch eine Kordel verbunden, einen blinden Läufer, in gemeinsamer Harmonie laufend, über die Laufstrecke. Als ich die letzte Runde in Angriff nehme, überhole ich Djuro Dobrijevic und rufe ihm zu: »Djuro! Wenn wir diese Runde in dreißig Minuten laufen, dann erreichen wir über 50 Kilometer!« In Djuro erwacht sein Kampfgeist! Vor dem Ende sehe ich Jürgen Fries wieder neben mir. Bei dem Ertönen der Schlusssirene bleiben wir stehen. Jürgen bin ich jetzt sehr dankbar, weil ich mich nicht mühevoll niederknien muss. Jürgen macht mit Kreide einen Strich auf den Asphalt und schreibt unsere beiden Startnummern für Vermessung unserer Kilometer daneben. Wir haben beide 50.355 Kilometer zurückgelegt. Nach dem Lauf geht Ekkehard Steuck auf mich zu und fragt besorgt: »Leo! Wo warst du? Ich habe dich überhaupt nicht gesehen! Ich dachte schon, dir ist etwas passiert!« Ich sage daraufhin dem getreuen Ekkehard: »Ekkehard! Du konntest mich nicht sehen, weil wir beide immer in der gleichen Runde gelaufen sind!« Ekkehard sagt erleichtert: »Dann bin ich ja beruhigt! Dann bist du ja gut gelaufen!« Rainer Rottmann aus Bamberg spricht mich vor dem Start an. Rainer hat sich vor Kurzem zu den drei bisherigen Büchern mein soeben erschienenes viertes Buch gekauft. Er ist von der Art meines Schreibens begeistert. Ich denke: »Menschen wie Rainer sind es wert, weiterhin zu schreiben!« Nach dem Lauf gehen wir, gemeinsam auf dem Grün am Seeufer miteinander sprechend, für eine kurze Zeit spazieren. Wir sind Freunde geworden! Wir werden uns wiedersehen! Während der Siegerehrung kann ich auch mit Kathrin Rieß (siehe 4. Buch) sprechen. Kathrin ist zu meiner Freude, obwohl sie etwas an Gewicht zulegte, dabeigeblieben! Bei der Siegerehrung sitzen an meinem Tisch Werner Kempe und seine attraktive Frau. In Werner sehe ich einen wahrhaftigen Glückspilz. Er ist Handlungsreisender für Brautmoden! Durch seinen wunderbaren Beruf kommt er ständig von einem Ort zu einem anderen. Nach Feierabend besucht er nicht Lokale oder gar Nachtclubs, sondern erfreut sich durch seine täglichen Läufe laufend auf neuen Laufstrecken. Als ich bereits bei meinem Auto für die Heimfahrt ankomme, sehe ich Volker Berka neben mir. Nach Bypass-Operationen läuft Volker, sich selbst beobachtend und in sich gekehrt, seine Rennen. Wir sprechen über unseren Zustand als alte Läufer. Ich sage zu Volker: »Wenn ich mit dem Laufen beginne, so benötige ich eine halbe Stunde, bis mein Puls seine Laufbetriebszahl erreicht hat, der Körper ausreichend durchblutet und mit dem nötigen Sauerstoff versorgt wird. Sobald die erste halbe Laufstunde überwunden ist, beginnt für mich mein Wohlbefinden. Mit dem Wohlbefinden kann ich dann stundenlang unbeschwert weiterlaufen!« Volker sagt erleichtert: »Das ist für mich gut, dass du mir das gesagt hast! Bei mir ist es auch so!«

Die Heimreise

Während meiner Heimfahrt wandern meine Gedanken zu Menschen, denen es offensichtlich nicht so gut wie mir geht. Neben der Laufstrecke wurde ein, von außen gesehen sehr einladend auf mich wirkendes, exklusives Kurhaus errichtet. Am Nachmittag sind viele der Kurgäste auf dem Weg der Laufstrecke zu Fuß unterwegs, sitzen auf der Terrasse vor einem Tageskaffee oder machen es sich auf einer der Parkbänke bequem. Ich blicke, sooft ich auch an diesen Kurgästen vorbeilaufe, in ungläubig staunende Augen. Mir ist bewusst: »Diese Menschen können nicht begreifen, wieso ein so alter Mann wie ich noch in der Lage sein kann, sechs Stunden lang, flott, auf sie wie spielend wirkend, lächelnd und ohne zu kämpfen, munter dahinzulaufen.« Ich glaube: »Nicht alle, aber doch viele von diesen in ihrer Beweglichkeit eingeschränkten Leuten haben ihren Zustand, für den jeder Mensch auch eine gewisse Eigenverantwortung trägt, selbst herbeigeführt. Sie versäumten es, nachdem sie das Laufen gelernt hatten, diese lebenswichtigste Fähigkeit regelmäßig zu trainieren. Durch dieses unverantwortliche Versäumnis wurden sie nicht sofort, sondern allmählich und schleichend laufend unbeweglicher. Nachdem sie unbeweglich waren, wurden sie von Krankheiten, die ihnen bei einer regelmäßigen Bewegung an der frischen Luft, für die bisher noch keine Steuer erhoben wird, erspart geblieben wären, befallen.« Bei näherer Betrachtung von kranken Menschen erkenne ich: »Nur mit wenigen Ausnahmen sind alle übergewichtig!« Nicht nur ihr Kreislauf, sondern auch ihre Beine und Gelenke sind überlastet. Ihnen ist es auf Dauer nicht möglich, unnützen Ballast zu tragen. Wenn ein Mensch bereits seit längerer Zeit krank geworden oder behindert ist, wird es, je länger dieser Zustand sich nicht verbessert, laufend schwieriger für eine Umkehr aus dieser verhängnisvollen persönlichen Bergabfahrt. Diese Menschen können in dieser Situation ihren verbleibenden Lebenslauf nicht mehr laufend, sondern nur noch sitzend oder liegend und damit unbeweglich erleben. Mit der Lebensqualität eines Sitzenden oder Liegenden möchte ein laufender Mensch niemals tauschen.

Wenn es einmal nicht so gut läuft, so laufe ganz einfach,
in dem Bewusstsein, dass es bald wieder besser laufen wird,
unbekümmert und heiter weiter!

Die 24 Stunden von Brugg/CH 2010

So wie in den beiden vergangenen Jahren beende ich mit den 24 Stunden von Brugg meine diesjährige Laufsaison. Nach der Ankunft auf der mir vertrauten Aareinsel kommt es mir so vor, als wenn ich schon immer da gewesen wäre. »Hier bin ich wieder! Hier laufe ich wieder! Hier beende ich meine 24 Stunden wieder!« Am Abend vor dem Lauf treffe ich Chris Dooge. Wir unternehmen bei leichtem Sprühregen einen gemeinsamen Abendspaziergang. Obwohl der eine die Sprache des anderen nicht sprechen kann, verstehen wir uns. Nach dem Start höre ich bereits nach nur einer einzigen gelaufenen Stunde über einen Lautsprecher mein Zwischenergebnis. Diese nichtssagenden Durchsagen empfinde ich schon immer als völlig überflüssig. Als ich nach der zweiten Stunde dieses Zwischenergebnis wieder höre, gehe ich zu dem professionellen Streckensprecher und sage zu ihm: »Du bist es als ein Reporter gewohnt, über spannende Fußballspiele zu berichten! Für dich ist es schwierig, einen 24-Stunden-Lauf, bei dem keine Tore fallen, es keine Fouls gibt und auch keiner eine Rote Karte gezeigt bekommt, zu kommentieren! Ich für mich bitte dich, mich für die Dauer des Laufes mit Zwischenergebnissen zu verschonen! Zwischenergebnisse sind für mich völlig unwichtig! Das Einzige, was für mich zählt, ist: diesen meinen dreiundfünfzigsten 24/48-Stunden-Lauf zu beenden. Wenn der Lauf zu Ende ist, kannst du mir gerne meine gelaufenen Kilometer sagen!« Der Mann ist nicht gekränkt, sondern er reicht mir seine Hand und sagt erleichtert: »Ich danke dir! Ich wusste nicht, wie ich einen 24-Stunden-Lauf kommentieren soll!« Bei der späteren Siegerehrung greift er mir unter die Arme und hilft mir freundschaftlich, das Siegerpodest zu besteigen. Er gratuliert mir anerkennend, unter dem Beifall der anwesenden Läufer und Zuschauer, zu dem ersten Platz in meiner Altersklasse. Jetzt rufe ich ihm zu: »Wie viele Kilometer bin ich gelaufen?« Er antwortet lachend: »Der Leo hat 125 Kilometer bewältigt!« Nach der Siegerehrung fragt mich Sigi Bullig: »Was machst du jetzt?« Meine Antwort ist: »Ich setze mich in mein Auto und fahre nach Hause!« Sigi sagt dazu besorgt: »Das kannst du doch nicht machen! Du musst dich doch erst erholen! Das ist doch viel zu gefährlich! Wir wollen dich doch im nächsten Jahr auch wiedersehen!« Peter Mayer, dem während der 24 Stunden seine Frau Friedhilde bei Wind und Dauerregen zur Seite stand, sagt zu mir: »Leo, ich bin stolz darauf, Leute wie dich kennen zu dürfen!« Dieses Kompliment gebe ich zurück. Auch ich darf stolz sein, Leute wie Peter und seine Frau kennen zu dürfen. Mit meiner inneren Zufriedenheit verlasse ich Brugg.

Nach nur wenigen Stunden Autofahrt denke ich an Sigi und übernachte in dem mir seit vielen Jahren vertrauten Hotel am Europapark Rust. Im Hotel angekommen, fühle ich es wieder: »Auch hier bin ich zu Hause!«

Die Nachbetrachtung

Die erfahrenen Ultraläufer Christian Fatton und Simon Schmid beginnen, zunächst gemeinsam laufend, ihren Lauf mit dem ihrem Leistungsvermögen angepassten Tempo. Simon erkennt nach einigen Stunden: »Der Christian ist heute stärker als ich!« Simon versucht jetzt nicht, Christian zu folgen, sondern lässt ihn laufen und läuft sein nur ihm eigenes Tempo. Beide beenden wohlbehalten mit ihrem eigenen Tempo ihr Rennen. Christian siegt mit 235 km vor Simon mit 221 km. Ein groß gewachsener, einem Basketballspieler gleichender, in der Ultralaufszene noch unerfahrener Läufer versucht vergeblich, mit Christian und Simon mitzuhalten. Mit diesem Mithaltenwollen verbraucht er von Anfang an mehr an Energie, als ihm für die 24 Stunden zur Verfügung steht. Ich denke: »Schade für ihn! Er läuft über seine Verhältnisse! Er kann die 24 Stunden nicht beenden!« Ich denke über ihn nach: »Mit deinem dir eigenen Tempo hättest du den Lauf erfolgreich beenden können! Ich hoffe dich im nächsten Jahr, an Erfahrung reicher, wiedersehen zu können.«

Anmerkung

Ein Jahr später ist er wieder dabei und beendet, um ein Jahr an Erfahrung reicher, erfolgreich seinen Lauf. Ich frage ihn, auf seine großen Hände blickend: »Warst du früher Basketballspieler?« Er antwortet lachend mit: »Nein! Holzfäller!«

Fanatismus bringt dir keinen Erfolg!
Verbissenheit bringt dir keinen Erfolg!
Eine unbekümmerte Heiterkeit schenkt dir deinen Erfolg,
mit einer schwerelosen Leichtigkeit!

Mein Feiertag

Heute ist Mittwoch, der 17.11.2010. »Dieser Tag ist mein Tag! Dieser Tag gehört nur mir!« Der 17.11. ist für die evangelisch-lutherischen Christen, deren Glaubensgemeinschaft ich durch meine Taufe angehöre, der Feiertag der Reformation. Mit einer besonders feierlichen Stimmung mache ich mich heute auf den Weg zu meinem täglichen Lauf. Zunächst benötige ich wie gewohnt etwa eine halbe Laufstunde, um meinen niedrigen Ruhepuls auf seinen höheren Betriebspuls zu bringen. In die Gänge gekommen, laufe ich mit meinem inneren Glück, mich wie schwerelos fühlend, bis zu meinen 21. Laufkilometer vergnügt dahin. Ich bleibe an diesem geistigen Laufkilometerstein 250.000 stehen – schließe die Augen – blicke nach innen – öffne die Augen wieder und laufe die restlichen zwei Kilometer mit einer demütigen Dankbarkeit glücklich nach Hause. Zu Hause denke ich: »Ist es wahr oder bist du ein Träumer?« Mit dem Gefühl meines unverlierbaren Glückes wird es mir bewusst: »Jetzt bist du ein 250.000-Kilometer-Mann!« In mein Lauftagebuch, welches ich auf Anordnung meines Trainers Herrn Hans Axmann seit meiner Jugendzeit führe, trage ich rot eingerahmt die Zahl 250.000 ein. Diese Zahl erscheint mir als unglaublich. Wenn ich nicht selbst nach jedem meiner Läufe, Tag für Tag, Woche für Woche, Monat für Monat und Jahr für Jahr meine Kilometer aufgeschrieben und zusammengezählt hätte, so wäre mir diese nur für mein langes Läuferleben wichtige und kostbare Zahl nicht bekannt. Im weiteren Verlauf dieses für mich einzigartigen Tages kommt es mir so vor, als wenn der Herr Axmann mit Wohlgefallen auf seinen Schützling, den er Loni nannte, weise lächelnd vom Himmel herniederblicken würde. Liebe Läufer! Ich appelliere an euch: »Führt euer Lauftagebuch!«

Über Politik

Mitte der fünfziger Jahre des letzten Jahrhunderts erlernte ein junger Bursche bei der Baufirma Christoph Fuchs in Nürnberg das Maurerhandwerk. Zwischen dem Lehrling und einem aus seiner damaligen Sicht schon älteren Herrn entwickelte sich eine freundschaftliche Beziehung. Der ältere Herr mit dem Namen Hans Stichert war SPD-Mitglied und als Gewerkschaftsfunktionär der Betriebsrat dieser Gesellschaft. Wegen seiner Parteizugehörigkeit sowie seiner Aktivitäten in der Arbeiterbewegung wurde er während der Zeit der Naziherrschaft mehrmals verhaftet und in das Gefängnis geworfen. Er sprach oft mit dem an Lebenserfahrung noch armen Lehrling. Seine Gespräche begann er stets mit dem erhobenen Zeigefinger seiner rechten Hand und den Worten: »Das musst du dir merken! Die Arbeitnehmer bilden die Mehrheit, aber sie sind niemals dazu in der Lage, diese Mehrheit für sich zu nutzen! Diese Mehrheit ist einfach zu blöd! Sie ist zu blöd, weil sie sich niemals einigen kann! Weil sie sich niemals einigen kann, wird sie sich immer von der Minderheit der Kapitalisten widerstandslos ausbeuten lassen! Die Arbeiterklasse lässt sich immer von den Kapitalisten untereinander gegenseitig ausspielen! Die Kapitalisten besitzen das Geld und Geld regiert die Welt! Das Geld kann jede Regierung kaufen, weil Politik die größte aller Huren ist! Eine Hure gibt sich immer nur dem hin, der am meisten für ihre Dienste bezahlt! Wenn tatsächlich einmal eine Arbeiterpartei an die Macht kommen sollte, kann sie die Interessen der Arbeiter nur zum Schein wahrnehmen, weil sie sofort vom Kapital gekauft wird! Das musst du dir merken: Alle Politiker sind käuflich! Sollte einer nicht käuflich sein, so wird er sofort von der käuflichen Mehrheit kaltgestellt! Hitler konnte nur deswegen die Macht ergreifen, weil er von den Kapitalisten finanziert wurde! Die Kapitalisten und allen voran die Rüstungsindustriellen versprachen sich durch ihm goldene Berge! Das musst du dir merken: Du kannst es in deinem Leben nur dann zu etwas bringen, wenn du ein Lump oder, wie die Bayern sagen, ein ausgekochter Bazi bist! Lumpen sind unentbehrlich! Lumpen werden auf der ganzen Welt und im Besonderen in der Politik benötigt! Je mehr durchtrieben ein Lump ist, desto größer wird sein Erfolg! Durch ehrliche Arbeit ist noch nie einer reich geworden! Durch ehrliche Arbeit kannst auch du niemals reich werden!« Der Lehrling sagt traurig dazu: »Lieber will ich ein ehrlicher, armer Mensch bleiben, als zu einem reichen Lumpen werden! Ich würde mich schämen!« Hans: »Das Wort Lump habe ich nicht so gemeint, wie du es verstanden hast! Unter Lump verstehe ich: Du musst schlau und mit allen Wassern gewaschen sein!« Das »schlau« kann der Lehrling für sich annehmen! Hans sagt dem Lehrling immer wieder: »Du bist jetzt noch zu jung, um mich verstehen zu können! Darum vergesse nicht alles, was ich dir sage! In deinem späteren Leben wirst du vielleicht manchmal an mich denken!« Dem inzwischen über siebzig Jahre alten Lehrling fällt noch eine Lebensweisheit von Hans ein: »Nur die dümmsten Kälber suchen sich ihren Metzger selbst aus!«

Anmerkung Nr. 1

Ein ehemaliger Ministerpräsident des deutschen »Freistaates« Bayern, mit dem Namen Edmund Stoiber, sagte vor dem Ende seiner Amtszeit in arroganter Hochmütigkeit über Menschen, die nicht seine Partei, sondern die Linke wählen, Folgendes: »Nur die dümmsten Kälber suchen sich ihren Metzger selbst aus!«

Anmerkung Nr. 2

Im Herbst des Jahres 2009 wird in Deutschland ein neuer Bundestag gewählt. Eine in der Versenkung verschwundene Partei mit der Bezeichnung FDP will mit allen Mitteln wieder an der Regierungsmacht beteiligt

werden. Diese Interessenvertretung der reichen Leute lässt für sich überlegen, mit welchen Wahlversprechen für sie von den Wählern die meisten
Stimmen zu gewinnen sind. Das Parteiprogramm für den Wahlkampf
lautet: »Liebe Mitbürgerinnen und Mitbürger, wir wollen mit der CDU
und ihrem bayerischen Juniorpartner gemeinsam die nächste Bundesregierung bilden! Um Ihre Interessen erfolgreich vertreten zu können, zählt
jede Stimme! Wenn Ihr uns durch Euere Stimme Euer Vertrauen schenkt,
versprechen wir Euch: Wir werden die Steuern senken!« Dieses Versprechen hört sich gut an. Jeder sechste der Wähler glaubt diese hinterhältige
Lüge! Nach der Regierungsbildung wird den Wählern für das Vertrauen
gedankt und versprochen: »Wir halten unser Wahlversprechen! Auf uns
könnt Ihr Euch verlassen!« Etwas später wird wieder versprochen: »Wir
halten unser Wahlversprechen, aber es muss wegen der Finanzkrise, die
nicht voraussehbar war, verschoben werden.« Wiederum etwas später
wird gesagt: »Steuersenkungen sind erst später möglich!« Bereits ein Jahr
nach der Wahl ist diese schon vor der Wahl beabsichtigte Wählertäu-
schung bei der Bevölkerung in Vergessenheit geraten. Bei den nächsten
Wahlen werden die dummen und zugleich frechen Wähler wieder und
bei jeder weiteren so wie bei allen vorangegangenen Wahlen auf glaub-
würdig auftretende Lügner hereinfallen. »Die Wähler sind dumm, weil
sie die falschen Versprechungen glauben! Die Wähler sind frech, weil sie
die Einhaltung der Wahlversprechen auch noch erwarten!« Obwohl alle
Parteien in Deutschland für die Mehrheit der Bevölkerung nicht so viel
wie das Schwarz unter dem Fingernagel übrig haben, werden sie immer
und immer wieder gewählt. Sie werden gewählt, weil es in Deutschland
keine Partei gibt, die sich für die Interessen der Mehrheit einsetzt. Die
Mehrheit sind die kleinen Leute! Die Minderheit sind die reichen Leute!
Diese Minderheit kauft jede Regierungspartei und bestimmt die Richtli-
nien der Politik. »Wer die Kapelle bezahlt, der bestimmt auch die Musik!«
Mit ihrer selbstgerechten Arroganz haben die Regierungsparteien noch
nicht einmal Interesse daran, dafür zu sorgen, dass jeder Arbeitnehmer
für seine Leistung einen gerechten Mindestlohn, von dem er seinen Lebensunterhalt bestreiten kann, erhält. Sie sind als die Interessenvertreter

64

der Kapitalisten gegen einen Mindestlohn. Die derzeitigen Regierungsparteien und die nicht besseren Oppositionsparteien sollten sich nicht wundern, wenn sich eines Tages die betrogene, noch träge Mehrheit erhebt und wieder für Gerechtigkeit kämpft. Ich erkenne es jetzt: »Hans Stichert hatte recht!« Einige Tage nach dem Schreiben dieser Zeilen steht in einem Café ein Mann neben mir. Er sagt zu mir verärgert: »Bei den letzten Wahlen habe ich zum ersten Mal die FDP gewählt!« Ich frage ihn: »Warum?« Seine traurige Antwort: »Weil die versprochen haben, die Steuern zu senken!« Ich sage es nicht, aber Sie, liebe Leser, können sich vorstellen, was ich denke!

Wer heilige Kühe züchtet und sie nicht schlachtet,
sollte sich nicht wundern,
wenn er von seinen heiligen Kühen
eines Tages auf die Hörner genommen wird!

Otto und Heinrich Nr. 2

Otto: Was geschieht mit einem Mann, der einem Lügner Glauben schenkt?

Heinrich: Der sollte sich nicht wundern, wenn er belogen wird!

Otto: Was geschieht mit einem Mann, der Geschäfte mit Betrügern macht?

Heinrich: Der sollte sich nicht wundern, wenn er betrogen wird!

Otto: Was geschieht mit einem Unternehmen, wenn es mit Betrügern Geschäfte macht?

Heinrich: Das Unternehmen sollte sich nicht wundern, wenn es zugrunde geht!

Otto: Was geschieht mit einer Partei, die mit einer Betrügerpartei eine Regierung bildet?

Heinrich: Diese Regierung kann niemals eine ehrliche Regierung sein!

Otto: Was geschieht mit einem Land, das ein Betrügerland unterstützt?

Heinrich: Dieses Land sollte sich nicht wundern, wenn es selbst zu einem Betrügerland wird!

Otto: Was geschieht mit einer Glaubensgemeinschaft, die Sittlichkeitsverbrecher beschützt?

Heinrich: Diese Gemeinschaft verliert ihre Glaubwürdigkeit!

Otto: Wem kann ich noch vertrauen? Was kann ich noch glauben?

Heinrich: Vertraue und glaube nicht den Menschen, sondern nur Gott, so wie du ihn verstehen kannst!

Ein Dauerschläfer sollte sich nicht wundern,
wenn nach seinem Erwachen die Welt von gestern
nicht mehr die Welt von heute ist!

Glücksläufe des Jahres 2010

Liebe Leser! Bereits in meinem im Jahre 2002 erschienenen Buch mit dem Titel »Der Schritt vom körperlichen zum geistigen Laufen« beschrieb ich mein Gefühl des unverlierbaren Läuferglückes mit den Worten: »Wer den Schritt vom körperlichen zum geistigen Laufen vollzogen hat, der findet sein Lebensglück, ohne danach gesucht zu haben!« Dieses Lebensglück begleitet mich täglich nicht nur während meiner Läufe, sondern bestimmt meinen Lebenslauf in allen seinen Bereichen. Aus diesem Grund will ich auch Sie an drei meiner Glücksläufe, bei denen ich alles um mich vergessen kann, teilhaben lassen. Mit diesem Teilhabenlassen will ich Ihnen Mut machen, auch an Ihr Lebensglück zu glauben, es für sich selbst als einen unverlierbaren Schatz zu finden und es als eine kostbare Hilfe für Ihren weiteren Lebenslauf zu behalten. Mit dieser Lebenshilfe werden Sie zu einer durch nichts zu erschütternden Gelassenheit finden. Mit Ihrer Gelassenheit lernen Sie mit Selbstvertrauen, ohne jegliche Angst und ohne jemals den Mut zu verlieren, alle Wege Ihres Lebens so anzunehmen, wie sie sind. Sie werden einem unaufhaltsamen Wasser gleichen, welches unwiderstehlich alle Hindernisse durchdringt und überwindet.

Die Voraussetzung dafür ist nicht nur der Glaube an sich selbst, sondern auch der unerschütterliche Glaube an eine höhere Macht, die Sie begleitet, beschützt und behütet.

Der Hitzelauf vom 15.07.2010

Mit einer Sonnenschutzmütze auf dem Kopf, freiem, braun gebranntem Oberkörper, einer kurzen Hose, einer Gürteltasche mit Trinkflasche um den Leib und Cabriolet-Schuhe an den Füßen, begebe ich mich in fröhlicher Erwartung auf meine Laufstrecke. Als Cabriolet-Schuhe bezeichne ich Laufschuhe, bei denen ich an den Fußspitzen, am Obermaterial, im Bereich der großen Zehen Lüftungslöcher herausgeschnitten habe. Mithilfe meiner Spezialschuhe werden die Füße belüftet und erleiden keinen für das Wohlbefinden schädlichen Hitzestau.

Nach dem Start bin ich schon bald alleine mit mir selbst. Ich vergesse alles, was um mich ist.

Die Sonne steht fast senkrecht über meiner laufenden Gestalt. Nach etwa jeder der gelaufenen dreißig Minuten meldet sich der Körper, so wie er es bei Hitze gewohnt ist, und sagt: »Ich habe Durst!« Mein treuer Körper erhält in sämtlichen seiner Lebensbereiche, ohne eine einzige Einschränkung, als Belohnung alles, was er sich für seine Leistungen verdient und was er sich wünscht. Er bekommt sein Wasser! Ich denke dazu: »Du bist mein einziger Körper! Ich besitze nur dich! Sage mir immer, was du benötigst! Ich will dir alles geben, was für dich gut ist! Ich will liebevoll mit dir umgehen! Verzeihe mir bitte, weil ich dich in jungen Jahren verantwortungslos misshandelte! Ich danke dir dafür, dass du dich mir für meinen irdischen Lebenslauf geschenkt hast!« Nach neunzig Minuten erreiche ich meinen Wendepunkt. So wie nicht selbst laufend, sondern es einfach laufen lassend, stehe ich nach weiteren neunzig Minuten wieder vor meiner Haustüre.

Später frage ich mich: »Bist du wirklich selbst gelaufen oder war dieser Lauf ein schöner Traum?« Meine innere Stimme antwortet: »Es war ein Lauf wie im Traum!«

Der Unwetterlauf vom 30.08.2010

Bereits vor dem Beginn meines heutigen Laufes verfinstert sich das Tageslicht durch dunkle Wolken. Noch nicht weit gekommen, beginnt es zu regnen. Je weiter ich mich von meinem Zuhause entferne, desto mehr öffnet bei zusätzlichen stürmischen Winden der Himmel seine Schleusen. Mit meiner Umwelt im Einklang lebend, nehme ich ohne Widerspruch alle Naturgewalten widerspruchslos so an, wie sie sind. Als ich meinen Wendepunkt erreiche, laufe ich bereits durch knöcheltiefes Wasser. Die nun im Sturmwind auf mich niederprasselnden Hagelkörner verursachen ein vorübergehendes Brennen in meinem ungeschützten Gesicht. Der erste Autofahrer begegnet mir und hält an. Er bietet mir an, mich mitzunehmen. Dieses verlockende Angebot lehne ich höflich, dankend und entschuldigend ab und sage zu dem Mann: »Ich bin ein Läufer! Ein echter Läufer lässt sich durch das Wetter niemals von seinem Lauf abhalten!« Der gute Mann setzt, verständnislos den Kopf schüttelnd, seine Fahrt fort. Der zweite Autofahrer begegnet mir und hält nicht an. Mit fröhlichen Augen blicke ich vergnügt in das wegen der schlechten Sicht verkniffene Gesicht hinter der Windschutzscheibe des im Trockenen sitzenden jungen Mannes und denke: »Nein! Mit dir möchte ich jetzt nicht tauschen!« Ganz alleine mit mir selbst und dazu völlig durchnässt zu laufen macht mich jetzt glücklich. Ich sage zu mir: »Du bist ein 24- und sogar ein 48- Stunden-Läufer! Du lässt dich durch nichts von deinem Weg abbringen!« Mein unterkühlter Körper meldet sich und sagt: »Ich habe Geduld! Wir sind bald zu Hause! Ich freue mich heute ganz besonders auf meine warme Dusche!« Am Tag danach lese ich belustigt in der Tageszeitung einen Bericht mit Bildern von entwurzelten Bäumen über das Unwetter. Vermutlich konnte es niemand so hautnah wie ich erleben!

Der Lauf im hellen Licht der Sonne vom 12.10.2010

Wie ein dem Glück der Mittagsonne gleichender Mensch befinde ich mich schon bald alleine mit mir selbst auf meiner Laufstrecke und genieße diesen schönen und hellen Tag. Die liebe, mich wärmende Sonne meinte es heute ganz besonders gut mit mir. Ich glaube: »Sie will mir als einen Trost für die schon bald beginnende kalte Jahreszeit und als Hoffnung für den nächsten Frühling diesen wundervollen Sonnentag schenken.« Dieses Geschenk des Himmels nehme ich gerne und dankbar als für mich bestimmt an. In mir kehrt eine vollkommene Stille ein. Ich höre und fühle das sanfte Auf-die-Mutter-Erde-Auftreten meiner Füße wie aus weiter Ferne. Vor mir sehe ich den langen Schatten meiner laufenden Gestalt. Ich überlege: »Bist du es selbst oder ist es dein Schatten, der läuft?« Nach dieser Überlegung kommt es mir vor, als wenn eine Stimme zu mir sagen würde: »Ihr gehört beide zusammen! Ohne den einen würde es den anderen nicht geben!« Auf dem Rückweg blicke ich in das helle Licht der nun tief stehenden Sonne. Meinen Schatten kann ich jetzt nicht sehen. Aber ich bin mir sicher: »Er ist hinter mir! Er wird mir solange ich lebe mein treuer Begleiter bleiben! Mein treuer Schatten verlässt mich auch nicht in der finstersten Nacht!«

Langes Laufen führt dich zum Läuferglück!
Läuferglück führt dich zum Lebensglück!

Private Dinge

Ein noch etwas jüngerer Herr sagt zu einem älteren, ihm bis dahin noch unbekannten Mann: »Ich möchte einmal mit einem erfahrenen Menschen im Vertrauen über meine privaten Dinge sprechen! Dieser Mensch sollte sich ein neutrales Urteil über meine Probleme, meine Lebenssituation und auch über mich bilden können! Es wäre eine wichtige Hilfe für mich, wenn er mir danach sagen könnte, was ich tun soll! Ich glaube: Du bist der richtige Mensch für mich!« Der ältere Mann antwortet: »Dein Vertrauen ehrt mich! Wenn du mit mir sprechen möchtest, werde ich mich, so gut ich kann, bemühen, dir auf meine Art Hilfestellung zu leisten! Ob meine Meinung für dich gut ist und meine Hilfestellung zu einer Hilfe für dich wird, kann ich nicht beurteilen! Beginne am besten mit deinen Worten, ohne lange zu überlegen, so wie sie dir in den Sinn kommen, ganz einfach zu sprechen. Alles, was du mir sagst, ist gut so, wie es ist! Vielleicht finden wir am Ende gemeinsam einen guten Weg, den du für dich annehmen kannst.« Wir gehen nicht in ein Lokal, sondern unternehmen einen ungestörten Abendspaziergang auf menschenleeren Wegen. Erleichtert beginnt der Jüngere zunächst in Bruchstücken und allmählich fließend zu sprechen. »Ich werde bald sechzig Jahre alt! Als junger Bursche lernte ich ein schönes Mädchen kennen! Dieses Mädchen wurde zu meiner großen Liebe! Wir heirateten sehr jung! Ich war zwanzig und sie erst siebzehn Jahre alt! Nach dem großen Rausch des Glückes kam allmählich und unaufhaltsam die Ernüchterung des Alltages. Wir lebten uns auseinander und konnten nicht mehr zueinanderfinden. Im Verlauf der Zeit wurde es mir auch bewusst: Sie liebt dich nicht mehr! Ich wollte ihr trotzdem die Treue halten und mich niemals von ihr trennen. Eine Scheidung kam für mich nicht infrage. Ich gab die Hoffnung, dass alles wieder gut wird, niemals auf. In den letzten Jahren war sie dann allerdings mehr unterwegs als zu Hause! Sie hatte in dieser Zeit laufend angebliche Verabredungen mit Kollegen, Bekannten und Verwandten. Eines Tages begann ich diese Verabredungen und Besuchstermine zu überprüfen. Bei diesen Überprüfungen wurde mir klar: Sie lügt dich ständig an! Als ich sie wegen ihrer Lügen zur Rede stellte, wurde sie wütend. Ich begann sie zu überwachen. Im Geheimfach ihrer Handtasche fand ich Zeitungsausschnitte von angekreuzten Kontaktanzeigen. Nun wusste ich endgültig Bescheid! Über dieses Wissen ließ ich mir nichts anmerken. Es war für mich dann einfach, die Adressen ihrer Kontaktpersonen herauszufinden. Als Weiteres beauftragte ich für ihre Überwachung einen Privatdetektiv. Von ihm bekam ich schwarz auf weiß Auskunft über ihre verkommenen Sexpartner. In dieser Situation war ich wütend, nicht nur auf mich selbst, sondern auch auf meine angeblichen Freunde. Auf mich war ich wütend, weil ich blind war und so lange nicht bemerkte, dass sie mich betrügt. Auf meine Freunde war ich wütend, weil die alles wussten und mir nichts sagten. Jetzt war sie endgültig, unwiderruflich und für alle Zeiten für mich erledigt. Ich begann mit den Vorbereitungen für die Scheidung. Während dieser Zeit tat ich ihr gegenüber so, als wenn alles in Ordnung wäre. Es war mir wichtig, dass sie nichts bemerkt. Sobald ich das gesamte, nur von mir erwirtschaftete Vermögen in Sicherheit gebracht hatte, beantragte ich die Scheidung. Die Ehe wurde dann genau so, wie ich mir es vorgestellt hatte, geschieden. Sie musste aus meinem Haus, welches ich von meinen Eltern geerbt hatte, ausziehen und mir die Schlüssel aushändigen.« Er bemerkt noch, dem Älteren wütend erscheinend, dazu: »Von mir ist sie dann, ohne traurig zu sein, sofort zu einem ehemaligen, verkommenen und ungepflegten Zuchthäusler gezogen! Ich selbst lebe jetzt alleine! Alleine will ich nicht bleiben! Ich fühle mich einsam! Ich will wieder eine Frau haben! Ich habe den Glauben an die Liebe noch nicht verloren! Die Frauen in meiner Gegend sind entweder verheiratet, bereits kränkelnd, haben nur ein Anspruchsdenken, sind dumm wie die Nacht, rauchen, trinken, sind fettleibig und ungepflegt. So etwas kann ich nicht gebrauchen! Für mich als einen schlanken, gepflegten, durchtrainierten Sportler, der weder ein

Raucher noch ein Trinker ist, kommen nur kluge, gepflegte, schlanke und sportliche Frauen infrage.« Der Ältere nickt dazu verstehend. Der Jüngere spricht weiter: »Demnächst fliege ich für zwei Wochen nach Thailand! In Thailand hoffe ich eine für mich geeignete Frau zu finden! Bekannte von mir sind bereits mit jungen, zärtlichen und liebevollen Thailänderinnen glücklich verheiratet. Geld spielt für mich keine Rolle! Geld habe ich genug! Geld alleine macht aber nicht glücklich! Ich ärgere mich jetzt im Nachhinein über die vielen vergeudeten Jahre meiner gescheiterten Ehe! Diese verlorenen Jahre gibt mir niemand zurück!« Er schließt mit den Worten: »Ich danke dir für deine Geduld, weil du mir so lange zugehört hast. Wie denkst du darüber?« Der ältere Mann beginnt jetzt zu sprechen: »Bevor der Mensch ein neues Kapitel in seinem Lebenslauf aufschlägt, sollte er das vorangegangene Kapitel, ohne zurückzublicken, abschließen! Blicke niemals im Zorn auf Vergangenes zurück! Alles Vergangene hatte nicht nur schlechte, sondern auch gute Seiten! Die guten Seiten kann der Mensch oft noch nicht sofort erkennen! Während der vielen gemeinsamen Ehejahre mit deiner geschiedenen Frau gab es bestimmt auch gute Zeiten mit vielen glücklichen und unverlierbaren Stunden! Bemühe dich von nun an, nur noch an die unverlierbaren Stunden eueres gemeinsamen Glückes zu denken! Vermeide es, sie aus verletzter Eitelkeit zu hassen! Hass nagt an deiner Seele! Vergebe ihr ohne eine einzige Einschränkung alles, was du glaubst, dass sie dir angetan hat! Deine Frau hat sich bei anderen gesucht, was sie bei dir nicht finden konnte! Darum bemühe dich, ihr Verhalten zu verstehen! Für die Liebe gibt es keine verbindliche Logik! Die Liebe bewegt sich jenseits aller sogenannten menschlichen Normen! Wünsche ihr, sobald es dir möglich ist, auf ihrem weiteren Lebensweg von ganzem Herzen viel Glück! Verschließe dich ihr nicht, wenn sie einmal mit dir sprechen möchte! Sei auch hilfsbereit, wenn sie deine Hilfe einmal benötigen sollte! Du bist heute nicht mehr der gleiche Mensch, der du bei deiner Hochzeit gewesen bist! Deine Frau ist heute auch nicht mehr der gleiche Mensch, der sie bei ihrer Hochzeit war. Alles auf der Erde, auch wir Menschen, befinden uns in einem ständigen Wandel! Nichts bleibt so, wie es ist! Keiner bleibt so, wie er ist!« Der Jüngere sagt erleichtert:

»Ich danke dir! Das ist gut! Das kann ich alles annehmen!« Der Ältere fügt noch hinzu: »Setze dich bei deiner Suche nach einer neuen Frau nicht unter Zeitdruck! Stelle keine zu hohen Ansprüche! Lasse dir Zeit! Überstürze nichts! Bewahre deine innere Ruhe und Gelassenheit! Lasse dich durch das Leuchten schöner Augen nicht blenden! Und noch eines: Gebe mit deinem Geld nicht an! Trete als ein bescheidener Mensch auf!« Der Jüngere: »Das kann ich auch annehmen!«

Gebe niemals etwas auf, solange es für dich noch nicht verloren ist!
Gebe es ohne Wehmut im Herzen auf,
wenn du es nicht mehr zurückgewinnen kannst!
Freue dich nach jedem deiner Verluste auf ein Neues auf deine neuen
Gewinne, die für dich bereitstehen!

Besinnliches

Nach dem Ende der Laufsaison des Jahres 2010 richtet sich, wie gewohnt, in freudiger Erwartung mein geistiges Auge auf die Lauferlebnisse der kommenden Saison 2011. Mit meinem täglichen Wintertraining, während der für Läufer wichtigsten Trainingsmonate des Jahres, von November bis Januar, lege ich die Grundlage meiner Ausdauer für die langen Zeitläufe. Als eine der Folgen der auf mein Wohlbefinden unangenehm wirkenden niedrigen Temperaturen bemerke ich ab etwa Anfang Februar Schmerzen in meinem linken Oberschenkel. Diese unerfreuliche Begleiterscheinung hält mich, weil ich mich von keiner Unpässlichkeit besiegen lassen will, nicht von meinem täglichen Lauf ab. Mit dem Beginn der letzten Februarwochen glaube ich, nachdem mir die Forstwege als bereits vom Eis und Schnee befreit erscheinen, endlich wieder von meinen Winterlaufstrecken auf den Straßen auf meine Sommerlaufstrecken in den Wäldern wechseln zu können. Auf meinem Weg sehe ich nach etwa 10 km in einer schattigen Mulde eine restliche Eisfläche. Ich denke: »Lasse dich von diesem Untergrund nicht von deiner geplanten Route abbringen!« Nach nur wenigen Minuten auf dem glatten Untergrund laufend, fühle ich in meinem angeschlagenen Oberschenkel einen stechenden Schmerz, bleibe wie gelähmt stehen und beschließe umzukehren. Der Schmerz lässt nicht nach, es wird mir schwarz vor den Augen, die Bäume beginnen zu tanzen und der Boden unter meinen Füßen wirkt auf mich wie schwankend. Mir wird es kalt. Ich kann jedoch noch klar denken: »Wenn du jetzt stehen bleiben solltest, so wird es danach nicht lange dauern, bis du zum Liegen kommst! Wenn du erst einmal zu Boden gegangen bist, dann kommst du nicht mehr auf die Beine und du wirst erfrieren! Niemand wird dich in dem einsamen Wald rechtzeitig finden!« Während dieser Situation kann keine Angst, die mich besiegen, schwächen oder in eine Panik versetzen könnte, von mir Besitz ergreifen. Von oben, wie aus der Loge eines Theaters, blicke ich gespannt auf einen kleinen Mann auf einer Bühne herab und frage mich: »Was wird er jetzt unternehmen?« Der Vorhang bleibt geöffnet! Der kleine Mann schließt seine Augen, blickt nach innen, fühlt sich, öffnet seine Augen und blickt zwischen die ihm schemenhaft erscheinenden Kronen der mächtigen, mit weißen Raureifkristallen geschmückten Bäume durch den undurchdringlichen Hochnebel hindurch, in das Blau des Himmels. Als Nächstes bittet er seine für ihn unverlierbare (siehe vorangegangene Bücher) kosmische Energiequelle um Hilfe, erkennt im Geiste seine Haustüre vor sich und kann sie danach schon bald auch in Wirklichkeit erkennen. Am Tag danach beginne ich mühevoll, abwechselnd laufend und gehend mein Training. Der Schmerz lässt langsam nach und ich gerate in eine euphorische Stimmung. Wieder einen Tag später denke ich: »Heute geht es besser als gestern! Morgen geht es besser als heute! Übermorgen geht es besser als morgen!« Es vergeht in diesem euphorischen Zustand jedoch keine Woche und ich werde von oben wieder nach unten geholt. Mit dem linken Fuß, den ich, einem lahmenden Pferd gleichend, noch immer nachziehe, bleibe ich während der bereits hereinbrechenden Dunkelheit an einem der am Boden festgefrorenen Schottersteine hängen, verliere das Gleichgewicht und stürze vorwärts der Länge nach auf die mir in diesem Augenblick als nicht besonders liebevoll erscheinende Mutter Erde. Ich versuche im Stürzen, so gut ich kann, mit beiden Händen den Sturz abzufangen. Trotzdem falle ich, für mich, wie aus weiter Ferne hörbar, mit meiner durch eine Mütze geschützten Stirne und Sekundenbruchteile später mit der Nase auf die groben Schottersteine. Auf dem Boden liegend, denke ich als Erstes: »Bleibe nicht liegen! Stehe sofort auf!« Aufgestanden, denke ich: »Da hast du aber Glück gehabt! Deine Zähne sind heil geblieben!« Mit der gleichen Hilfe wie einige Tage vorher erreiche ich auch jetzt wieder mein Zuhause. Offensichtlich wirkt meine blutüberströmte Erscheinung auf Maria als nicht besonders attraktiv. Sie blickt mich an, wird blass und bekommt einen Weinkrampf. In aller Ruhe und Gelassenheit sage ich zu ihr: »Mache dir bitte niemals Sorgen um mich! Ich bin ein Kind Gottes! Mein Leben ist in seiner Hand! Sein Wille geschehe!« Am Tag danach beginne ich mit meiner unerschütterlichen Zuversicht wieder auf ein Neues mit meinem täglichen Lauf und denke dabei: »Diese beiden Erlebnisse haben dich tief berührt! Sie sind für dich von Bedeutung! Betrachte sie als eine für dich bestimmte, wichtige Botschaft! Vergesse diese Botschaft auf dem restlichen Weg deines laufenden Lebenslaufes niemals! Dir ist alles in deinem Leben geschenkt! Nichts ist selbstverständlich! Vergesse auch niemals, für jede der Stunden, in denen du noch leben und laufen darfst, deinem Schöpfer für dein irdisches Leben zu danken! Vermeide es, hochmütig zu sein! Bitte auch deinen Gott: Er möge aus dir, so wie es dir dein frommes Mütterlein im Gebet lernte, einen demütigen Menschen machen!« Nur wenige weitere Tage später lese ich einen Bericht, der mir nahegeht: »Vier deutsche Urlauber aus Sachsen sind während einer Skiwanderung in Norwegen in einen Schneesturm geraten, haben die Orientierung verloren und sind erfroren!«

Schwimme nicht mit dem Strom! Schwimme nicht gegen den Strom!
Durchquere den Strom!

Die sechs Stunden von Nürnberg 2011

Dreizehn Tage nach meinem Sturz fahre ich nach Nürnberg, um an dem, im Verlauf von vielen Jahren für mich zu einer Tradition gewordenen, ersten Lauf des Jahres meiner erwartungsvollen, neuen Laufsaison teilzunehmen. Diese kurzen Zeitläufe betrachte ich als lange Trainingseinheiten. In diesem Jahr jedoch ist für mich alles anders als in den vergangenen Jahren. Wegen der schmerzhaften Folgen meines Sturzes bin ich mir bereits vor dem Lauf im Klaren darüber: »Dir wird es nicht möglich sein, so wie gewohnt zu laufen! Du kannst nur symbolisch laufen!« Bei diesem symbolischen Laufen werden die Laufbewegungen nur angedeutet, aber nicht gelaufen, sondern nur gegangen. Diese Art der ungewohnten Vorwärtsbewegung kann ich allerdings wegen der auftretenden Verkrampfung meiner Muskulatur höchstens für die Dauer von drei Stunden ausüben. Nach diesen drei Stunden wird meine Art der Vorwärtsbewegung für die restliche Zeit in ein beschwerliches Wandern oder Spazierengehen übergehen. Am Ende, und das ist für mich nicht von Bedeutung, werde ich bei meinem vorübergehenden derzeitigen Zustand höchstens 35 km zurückgelegt haben. Dies bedeutet dann für mich den Leistungstiefpunkt in meinem bisherigen Läuferleben. Ich denke dazu: »Nach einem jeden deiner Tiefpunkte bist du bisher immer wieder auf deine Beine gekommen! Auch nach diesem Tiefpunkt wird es dir bald wieder besser ergehen!« Wegen einer vorübergehenden Unpässlichkeit an einem Lauf, für den ich angemeldet bin, nicht teilzunehmen, betrachte ich als das Schlechteste. Lieber will ich den letzten Platz belegen als zu Hause bleiben. Vor dem Lauf kann ich endlich Wolfgang Wörner, einen begeisterten Läufer aus Ipsheim, persönlich treffen. Mit Wolfgang stehe ich bereits seit einigen Jahren wegen meiner Bücher telefonisch in Verbindung. Als ich in seine

Augen blicke, erkenne ich es: »Er ist ein Mensch, der dich durch sein freundliches Wesen tief beeindruckt!« Wir wollen und werden Freunde bleiben! Mit Wolfgang, Hans Delp und Maik Kuczulaba aus Bad Windsheim fühle ich mich tief verbunden. Diese Läufer gehören zwar einer der mir nachfolgenden Läufergenerationen an, aber sie sind aus der näheren Umgebung meines Heimatortes Obernzenn. In Obernzenn erlernte ich das Laufen. In Bad Windsheim wagte ich mich vor nunmehr 58 Jahren an den Start zu meinem ersten offiziellen Lauf. Wenn ich heute an meinen ersten 1000-Meter-Lauf denke, so kann ich ihn als ein Schlüsselerlebnis so nachempfinden, als wenn ich es jetzt erleben würde.

Anmerkung

Am darauf folgenden Freitag führt mich mein Weg nach Regensburg. Während dieser Fahrt denke ich an Werner Selch aus Amberg. Werner hatte sich auch für Nürnberg angemeldet. Er war aber nicht da. Ich denke weiter: »Wie wird es ihm wohl gehen?« Am Eingang vom Donau-Einkaufszentrum angekommen, wandert mein Blick durch die Außenverglasung der Pizzeria »Catania«. Hinter der Verglasung sehe ich den Rücken eines Mannes. Ich denke: »Diese Gestalt kommt dir irgendwie bekannt vor!« Neugierig betrete ich das Lokal: »Diesen Mann will ich auch von vorne sehen!« Die unerwartete Begegnung mit Werner aus Amberg sehe ich nicht als einen Zufall, sondern als eine Bestimmung, die ich mir durch meine Gedanken selbst herbeiführe. Mit Werner und seiner Lebensgefährtin verbringe ich eine für mich wertvolle Stunde. Werner und ich bemühen uns, nicht nur, wie unter Läufern üblich, über das Laufen zu sprechen. Ich bemerke: »Seine schlanke Lebensgefährtin fühlt sich nicht ausgegrenzt, sondern angenommen!« Zu ihr sage ich: »Sie gehören dazu! Wir wollen Sie in unser Gespräch mit einbinden!« Sie ist erfreut und beginnt über sich zu sprechen: »Ich bin keine Läuferin, sondern Radfahrerin! Mit dem Fahrrad fahre ich täglich, während der vier Jahreszeiten, ohne Ausnahme und bei jedem Wetter überallhin! Meine Mutter, mein

Vater und sogar meine noch junge Schwester sind alle fettleibig! Mein Vater ist für mich ein warnendes Beispiel! Solange er noch zur Arbeit ging, war er ein gut aussehender, auf sein Äußeres achtender Herr! Seit seiner Pensionierung sitzt er nur noch tatenlos herum! Durch sein Herumsitzen ist er total vergammelt. Er hat sich selbst nicht nur unansehnlich, sondern auch unbeweglich gemacht!« Der sechzig Jahre alte optimistische Werner sagt: »Ich habe mir soeben fünf neue Hosen gekauft! Für die nächsten Jahre bin ich jetzt mit Hosen ausgestattet! Obwohl meine Dienststelle nur zwei Kilometer von meiner Wohnung entfernt ist, laufe ich, weil ich einen Laufumweg mache, täglich. Zehn Kilometer in meine Arbeit und nach der Arbeit den gleichen Umweg wieder nach Hause! Auf den zweifachen täglichen Genuss dieses Umweges will ich, solange ich noch arbeite, nicht verzichten! Meine fetten Polizistenkollegen, die abfällige Bemerkungen aus Neid über mich machen und zum Teil nur um die Ecke wohnen, fahren alle, ohne eine einzige Ausnahme, mit dem Auto zur Arbeit! Für die ist es eine Katastrophe, wenn ihr Auto einmal kaputt ist! Besonders freue ich mich auf morgen! Morgen um acht Uhr treffe ich den Heiner Lederer aus Sulzbach-Rosenberg am Bahnhof. Von dort laufen wir dann gemeinsam von Amberg aus, zunächst an der Vils, dann an der Naab, zuletzt an der Donau entlang und anschließend über die Steinerne Brücke durch die Altstadt von Regensburg zu unserem Ziel, dem Regensburger Bahnhof! In Regensburg angekommen, genehmigen wir uns anschließend, zur Feier des Tages, ein oder auch zwei kühle Biere und fahren mit dem Zug zurück.«

Unternehme das, was du unternehmen willst!

In Bewegung bleiben

Während der vielen Jahre meines langen Läuferlebens bereitete ich mich, in Gedanken, auf Lebenssituationen, die unvermeidbar auf mich zukommen werden, vor. In dem Vorbereiten sehe ich eine wichtige Hilfe, auch schwierige, noch nicht überschaubare Situation und deren nicht sofort erkennbare Folgen nicht nur leichter zu bewältigen, sondern auch zu überwinden. Mit meiner Lebensenergie war es mir in der Vergangenheit und, so glaube ich, wird es mir auch in Zukunft möglich sein, solange mich meine Füße tragen, in Bewegung zu bleiben. Nicht nur Unfälle und deren Folgen, sondern auch Erkrankungen, Trennungen und Verluste aller Art enthalten wichtige Botschaften. Wenn es dem Menschen gelingt, diese Botschaften erkennen zu lernen, so werden sie zu einer wertvollen Lebenshilfe für ihn. Durch diese Lebenshilfe kann er sein bisheriges Leben neu überdenken, seine für ihn schädlichen Lebensgewohnheiten sowie sein Verhalten erkennen und zum Guten verändern. Das gewohnte, oft lieb gewordene oder bereits zu einer Sucht geführte Verhalten zu verändern ist natürlich leichter gesagt als getan. Jede Veränderung von Gewohnheiten verursacht zunächst innere Widerstände! Das Überwinden dieser Widerstände erfordert sehr viel an Initiative, Willenskraft, Durchhaltevermögen und Geduld! Alle Veränderungen des Menschen sollten zu einem erkennbaren Ziel führen! Dieses Ziel darf niemals und durch nichts aus den Augen verloren werden! Verlieren auch Sie auf Ihrem eigenen Weg niemals den Mut und geben Sie nicht vorzeitig auf! Lassen Sie sich durch Rückschläge oder auch Rückfälle in ein Sie schädigendes Verhalten niemals entmutigen! Erheben Sie sich, nach jedem Ihrer Stürze, auf diesem guten Weg, immer wieder auf ein Neues, mit einer unbeirrbaren Geduld, so lange immer und immer wieder, bis Sie auf diesem lohnenden Weg am Ziel sind. Nach jedem Ihrer erreichten Ziele werden Sie niemals stehen bleiben, sondern einen neuen, von einer höheren Macht für Sie bestimmten Weg erkennen und beschreiten! Bei meiner derzeitigen, vorübergehenden Verletzung handelt es sich, nach der Diagnose eines Facharztes, um einen schmerzhaften, verhärteten Muskelfaserriss im Bizepsmuskel des linken Oberschenkels. Dieser Zustand blockiert den Bewegungsablauf meiner Beine! Mit dieser Verletzung ist ein Laufen aus medizinischer Sicht nicht möglich. Für ältere Läufer ist es, nach meiner Erfahrung, unerlässlich, solange sie sich noch bewegen können, täglich, auch dann, wenn sie verletzt und sogar wenn sie krank sind, zu laufen und in Bewegung zu bleiben. Wenn Menschen, die sich sowieso nicht bewegen, unbeweglich werden, so verlieren sie dadurch nicht ihre Fitness. Sie können nicht verlieren, was sie nicht besitzen! Tritt diese Situation allerdings bei einem Sportler und im Besonderen bei einem Ultraläufer ein, so sehe ich dies als einen gefährlichen Einschnitt in seine Lebensgewohnheiten. Dieser Einschnitt kann schneller, als er glauben kann, nicht nur zum Verlust seiner körperlichen, sondern auch seiner geistigen Fitness führen und das Ende seines Läuferlebens bedeuten. Das Ende eines Läuferlebens betrachte ich als dem Tod bereits schon sehr ähnlich. Aus diesem Grund lasse ich mich, solange ich noch einen Fuß vor den anderen setzen kann, durch nichts und niemanden von meinem täglichen Lauf abhalten. Am Tag nach den sechs Stunden von Nürnberg setze ich mein tägliches Training, so wie gewohnt, mit einem 180-Minuten-Lauf im Glauben auf eine Verbesserung meines körperlichen Zustandes fort. Um eine Verbesserung messen zu können, begebe ich mich weiterhin, Tag für Tag, unverdrossen auf die gleiche Laufstrecke. Diese besondere Trainingsmethode erfordert von mir viel Geduld, Überwindung und Durchhaltevermögen. Während der ersten zwei Wochen, kann ich nicht nur keine Fortschritte messen, sondern erkenne auch, dass sich der Weg zu meinem zeitlichen Wendepunkt laufend verkürzt. In der dritten Woche ist es endlich so weit! Mir gelingt es, meinen zeitlichen Wendepunkt um etwa 200 Meter zu verschieben und damit meine Laufstrecke der 180 Minuten um ganze »400« Meter zu verlängern. Dieser winzige Fortschritt weckt in mir die Hoffnung, die Talsohle durchschritten zu haben. Am nächsten Tag, dem ersten sonnigen Frühlingstag des Jahres, meldet sich mein Körper. Er sagt: »Ich will endlich wieder richtig laufen!« Ich besänftige ihn mit den Worten: »Du kannst bald wieder laufen! So wie du es gewohnt bist! Es wird alles wieder gut!« Nach dieser ermutigenden Aussage legt der Körper einen freudigen Zwischenspurt ein! Seine noch blockierten Beine sind jedoch noch nicht in der Lage, ihm zu folgen! Ich beginne zu straucheln, das Gleichgewicht zu verlieren und drohe erneut zu stürzen. Nach diesem bedrohlichen Vorfall sage ich dem Körper: »Du benimmst dich wie ein ungeduldiges, junges Pferd! Habe doch bitte Geduld und übertreibe nicht!« Im Einklang von Körper, Geist und Seele und mit der Fähigkeit, über mich selbst in allen Situationen lächeln zu können, erreiche ich wohlbehalten mein Zuhause. Am Tag danach unterziehe ich mich, auf Anraten von Maria und auch, weil ich mich nicht gesund fühle, einem Gesundheitscheck bei meinem Hausarzt! Einen weiteren Tag später besuche ich ihn zu einem Gesprächstermin. Mit einer mir als besorgt erscheinenden Miene eröffnet er mir, in einem die Patienten beeindruckenden weißen Anzug gekleidet und selbstbewusst auf mich wirkend, hinter seinem Schreibtisch sitzend, mit einer keinen Widerspruch duldenden, psychologisch geschulten Stimme: »Sie leiden unter einem gefährlichen Bluthochdruck!« Für 24 Stunden wird daraufhin an mir ein mir unangenehmes Dauermessgerät angeschlossen! Nach dieser Zeit ist er sich absolut sicher und sagt zu mir: »Ich gebe Ihnen für eine unerlässliche Untersuchung eine Überweisung zu einem Kardiologen.« Mit diesem Papier in den Händen gehe ich sofort zu einem Facharzt! Einen Termin für diese Untersuchung bekomme für zwei Monate später. Das freundliche, auf mich überfordert erscheinende Fräulein, welches mir auf einem Zettel die Terminvereinbarung aushändigt, frage ich: »Wenn ich in der Zwischenzeit verstorben bin, werde ich den Termin absagen!« Sie sagt dazu: »Ja! Ich bitte darum!« Mein Hausarzt sagt etwas später: »Sie müssen ab sofort, zunächst für die Dauer von zehn Tagen, eine halbe Tablette eines blutdrucksenkenden Mittels einnehmen! Nach dieser Zeit kommen Sie wieder! Dann kann ich Sie durch das erneute Messen Ihres Blutdruckes auf die richtige Dosis einstellen! Dieses Mittel ist für Sie, in Ihrem Alter, überlebensnotwendig!« Ich frage nach: »Wie lange?« Er antwortet: »Für Ihr ganzes weiteres Leben!« Ich frage erneut nach: »Beinträchtigen diese Tabletten meine Leistungsfähigkeit?« Er antwortet überzeugend: »Überhaupt nicht!« Wie verordnet nehme ich ab dem nächsten Tag auf nüchternen Magen täglich ein halbe Tablette Ramipril. Mein Befinden verschlechtert sich! Die gelaufene Entfernung zu meinem zeitlichen Wendepunkt verkürzt sich wieder! Nach fünf Tagen benötige ich für den Rückweg zehn Minuten länger als für den Hinweg. Am sechsten dieser nun mir als verhängnisvoll erscheinenden, mit dem angeblich für mich überlebensnotwendigen Medikament versorgten Tage bin ich in Folge einer totalen Erschöpfung gezwungen, mein tägliches Training nach zwei Stunden abzubrechen. Mühevoll schleppe ich mich, bereits dem Unterbewusstsein nahe fühlend, nach Hause! Ich komme mir in dieser misslichen, meine Persönlichkeit verändernden Lage vor, als wenn ich nicht mehr ich selbst wäre, sondern so, als wenn mich eine mir völlig unbekannte, fremde, mir feindlich erscheinende Macht in ihren Besitz genommen hätte. In dieser bedrohlichen Situation höre ich eine Stimme in mir sagen: »Ärzte sind in erster Linie Geschäftsleute!« In mir entwickelt sich eine unwiderstehliche Abneigung gegen das verordnete Medikament. Meine innere Stimme sagt: »Die Nebenwirkungen sind schädlicher als die Heilwirkung!« Ich denke dazu: »Das Ende meines Lebens liegt in der Hand Gottes! Vertraue dich ab sofort wieder Gott und deinen Selbstheilungskräften an! Eine Diagnose kann oft viel schlimmer klingen, als sie in Wirklichkeit ist!« Ohne den Arzt zu fragen, verzichte ich ab dem nächsten Tag auf die für mich überlebensnotwendige Medizin! Jetzt kehre ich wieder zu meinem eigenen Ich zurück und denke: »Mit dem drohenden Argument, das sei für sie überlebensnotwendig, werden die Patienten von den psychologisch ausgebildeten Ärzten unter Druck gesetzt und zu nur für die Gesundheitsindustrie gewinnbringenden Behandlungen und sogar Operationen gedrängt. Das Argument erzeugt Angst. Mit der Angst und der Dummheit der Menschen wird das meiste Geld verdient.« Bei einer näheren Betrachtung dieses mir widersinnig erscheinenden Unwortes denke ich: »Alle Menschen sterben! Keiner, auch kein Arzt, kann überleben! Wieso sollte etwas überlebensnotwendig sein, wenn sowieso keiner überlebt!« Am letzten Tag im Mai 2011 erscheine ich pünktlich bei dem Kardiologen. Nach einer sorgfältigen Untersuchung teilt er mir sein Untersuchungsergebnis mit. Der Arzt beginnt mit den Worten: »Was für ein Idiot hat Sie denn zu mir geschickt? Wieso sind Sie überhaupt gekommen? Sie sind doch völlig gesund! Ihrem Herz fehlt überhaupt nichts! Sie haben einen starken Herzmuskel! Mit Ihrem Zustand können Sie leicht noch dreißig Jahre leben!« Für die abfällige Bemerkung bei der Terminvereinbarung will ich mich im Nachhinein für mein Unverständnis entschuldigen. Ich sehe es wegen des mit angeschlagenen Menschen vollbesetzten Wartezimmers ein: »Die Kapazitäten der Ärzte reichen für die Anzahl der Kranken nicht aus!« Erleichtert schlendere ich anschließend, in der Gewissheit, alles richtig gemacht zu haben, ein fröhliches Lied summend, nach Hause. Meinen zeitlichen Wendepunkt kann ich von nun an wieder täglich verschieben. Mein symbolisches Laufen wird lockerer und schneller. Wegen meines Zustandes halte ich es für besser, an den 24-Stunden-Läufen von Iserlohn und Basel im April und Mai in diesem Jahr noch nicht teilzunehmen. In Gedanken sehe ich während dieser Veranstaltungen die Läufer auf den Laufstrecken Runde um Runde drehen. Mein Geist und meine Seele sind bereits dabei! Mein Körper wird, sobald es ihm wieder möglich sein wird, seinem Geist und seiner Seele folgen! Im Beispiel dieser Botschaft sehe ich auch für andere Menschen eine Lebenshilfe, für die Überwindung von schwierigen Lebenslagen, im Verlauf ihres eigenen Lebenslaufes! In dieser für mich noch gewöhnungsbedürftigen Zeit erlebe ich meinen 72. Geburtstag. An diesem Tag der Besinnung gelingt es mir, meine Gedanken neu zu ordnen. Diese Gedanken beschäftigen sich nicht nur mit der Gegenwart und der Zukunft, sondern auch mit einer längst vergessenen Begegnung, die aus der Tiefe der Vergessenheit, aus meinem Langzeitgedächtnis, das Tageslicht erblickt.

Die Begegnung von Berching

Während der Zeit um das Jahr 1970 bin ich als ein Staubsaugervertreter der Firma Vorwerk in und um das sehenswerte Städtchen Berching, einem Kleinod des Mittelalters, in der Oberpfalz unterwegs. In einem Brauereigasthof, der sich rechts vor einem der Stadttore befindet, übernachte ich. Am Abend bildet sich in der linken, hinteren Ecke, an einem der Mosaikfenster des Gastzimmers, eine Runde von Kartenspielern. Von einem der Spieler werde ich gefragt: »Wir brauchen noch einen vierten Mann?« Neben einem humorvollen, beinamputierten Kriegsveteranen namens Olbrich, dem Brauereibesitzer und einem auf mich sehr gebildet wirkenden, ebenfalls in dem Gasthof übernachtenden Herrn, bei dem es sich um einen in Berching geborenen und in Heidelberg lebenden Hochschulprofessor handelt, bin ich, als der vierte Mann, mit Abstand das jüngste Mitglied der Kartenrunde. Die Runde spielt über mehrere Wochen, täglich, jeweils von Montag bis Freitag, ihr Spiel. Wie alles andere im Leben und auch das Leben selbst, so haben auch alle Kartenspiele einen Anfang und ein Ende. Am Ende des letzten unserer gemeinsamen Spielabende sagt der Herr Professor zu mir: »Bleibe noch hier! Gehe mit mir in das Nebenzimmer, wo wir ungestört sind! Ich will dir, bevor wir uns für immer verabschieden, noch etwas Wichtiges unter vier Augen sagen und dir für deinen weiteren Lebensweg mitgeben! Ich habe dich genau studiert! Ich habe dich erkannt und erkenne dich besser, als du dich selbst erkennen kannst! Leider habe ich nicht nur im Leben, sondern auch im Spiel nicht so viel Glück wie du! Ich gehöre zu den Menschen, denen nichts geschenkt wird und die sich alles hart erarbeiten müssen! Du dagegen bist der geborene Spieler! Du wirst, solange du am Leben bist, immer ein Spieler bleiben! Spieler werden nicht gemacht, sondern geboren! Du wirst oft alles verlieren! Dich kann niemals ein totaler Verlust entmutigen! Du spielst nach jedem deiner verlorenen Spiele unbekümmert weiter. Du spielst weiter, weil dir das Spiel wichtiger als der Gewinn ist. Am Ende deiner Spiele bist du, weil du niemals aufgibst, der Gewinner! In meinem langen Leben bin ich noch nie auf einen Spieler wie dich gestoßen! Für dich ist alles im Leben und auch das Leben selbst ein Spiel!« Das Gespräch wirkt auf mich feierlich! Ich höre aufmerksam zu und unterbreche ihn nicht. Um seine Gestalt kann ich das hell leuchtende Körperlicht seiner Aura, von der ich damals noch nicht wusste, dass es sie gibt, erkennen. Zuletzt fügt er mit erhobenen Zeigefinger noch hinzu: »Achte auf deine Gesundheit! Wenn es dir gelingt, unbeschadet dein kritisches 51. zu überschreiten und danach auch noch dein gefährliches 72. Lebensjahr zu erreichen, dann spricht nichts gegen weitere schöne Lebensjahre für dich, mit der Freude vieler Gewinne eines dann ausgebufften und erfahrenen Spielers, der den Glauben an die Kostbarkeit seines unverlierbaren Glückes niemals verliert!« Wir reichen uns die Hände, gehen durch das Gastzimmer, um zu Bett zu gehen.

Die Wirtin ruft wütend: »Gott sei Dank, dass ihr Lumpenhunde endlich endgültig verschwindet! Euch beide will ich in meinem Gasthaus nie wieder sehen! Mit dem Kartenspiel hättet ihr meinen armen Mann schon bald in den Ruin betrieben!« Der Herr sagt in aller Ruhe zu ihr: »Deinen Mann hat niemand zum Kartenspiel gezwungen!« Sie entgegnet: »Mein Mann ist ein unbelehrbarer Narr! Er hat jeden Abend verloren!« Der Herr sagt dazu: »Warum hat er dann nicht aufgehört!« – »Mein Mann schwor euch nach jedem seiner verlustreichen Abende Rache und sagte: ›Morgen gewinne ich alles wieder zurück!‹«

Die Erkenntnis der tiefen Bedeutung

Nachdem das Gesprächserlebnis von Berching von der Tiefe meines Langzeitgedächtnisses in mein Bewusstsein der Gegenwart zurückkehren konnte, ist es für mich so aktuell, als wenn ich es erst gestern erlebt hätte.

Dieses Gespräch hatte ich, so glaube ich, vergessen, weil ich es damals, als ein noch junger Mann, noch nicht verstehen konnte. Jetzt, so glaube ich, besitze ich die Reife, um nicht nur die Botschaft, sondern auch ihre Bedeutung besser begreifen zu können. Obwohl es mir zunächst nicht leichtfällt, gebe ich es, nach einer Selbsterforschung, vor mir selbst zu: »Der Mann hat mich damals genau erkannt! Es stimmt alles, was er zu mir, über mich sagte! Vielleicht bin ich aber auch nur einer der unbelehrbaren, spielenden, verlorenen Narren?« Wenn ein Mensch von einem anderen Menschen erkannt wird, so entsteht in ihm ein Widerstand. Er denkt: »Wenn ich erst einmal erkannt bin, dann bin ich nackt und kann nichts mehr verbergen!«

Anmerkung

Während meines 3-Stunden-Laufes vom 28.05.2011 geht mir im hellen Licht der Mittagssonne ein Licht auf! Der Anlass meiner Erleuchtung ist ein kleiner Junge aus Indien! Über dieses Kind sehe ich am Abend vorher im Fernsehprogramm von ARTE einen mich menschlich tief berührenden Film. Dieses Kind wird in Indien mit dem Namen von Buddha als ein bereits heiliger Wunderläufer verehrt. Es wird gezeigt, wie es mühelos, ohne zu ermüden, spielend, lange und immer längere Strecken läuft. Sensationslüsterne und mit dem Kind Geschäfte machende, skrupellose Erwachsene missbrauchen dabei, scham- und verantwortungslos, die Freude des unschuldigen Kindes am Laufen für ihre eigenen Interessen. Als makabrer Höhepunkt des Filmes soll das Wunderkind einen Dauerlauf während einer Hitze von 34 Grad Celsius, bei einer extrem hohen Luftfeuchtigkeit, über 68 km, mit dem Ziel in einem gefüllten Stadion, in Begleitung eines Betreuerstabes und eines Ärzteteams bewältigen. Das bedauernswerte Kind erleidet in immer kürzeren Abständen, laufend, lebensbedrohlichere Schwächeanfälle. Nach jedem dieser Anfälle wird es immer wieder, erneut, auf seine Beinchen gestellt. Wieder auf die dünnen Beinchen gestellt, läuft es dann, so wie im Unterbewusstsein auf mich wirkend, bis zum 65. Kilometer weiter. Nur drei Kilometer vor dem Ziel wird es endlich von seinen Qualen erlöst. Das missbrauchte Kind bricht ohnmächtig zusammen! Eine fettleibige Ärztin vor dem Krankenwagen ruft später mit stolzgeschwellten Brüsten: »Wenn ich nicht gewesen wäre, dann wäre der Junge gestorben!« Die blutrünstige und sensationslüsterne Meute im Stadion musste auf ihre Beute verzichten! Sobald der Junge wieder etwas von sich geben kann, ruft er, während er sich übergibt: »Ich will wieder laufen!« Das Laufen dieses Kindes sehe ich als ein Spiel. Diesem Kind kann die Gefahr seines Kinderspieles noch nicht bewusst sein! An mir kann ich, und das ist das Licht, welches mir aufgeht, durch dieses Kind erkennen: »Du bist in deinem gesamten Leben ein spielendes Kind geblieben!« Die Unterschiede zwischen dem Kind und mir sind: »Das Kind kann die Risiken noch nicht einschätzen! Ich dagegen bin mit einem Alter von zweiundsiebzig Jahren, so glaube ich, obwohl ich mir da nicht so ganz sicher sein kann, bereits in der Lage, die Risiken einschätzen zu können! Außerdem war ich niemals und werde auch niemals ein Wunderläufer werden!« Über diese Selbsterkenntnis bin ich weder traurig noch stolz, sondern nehme sie so an, wie ich sie für mich erkenne. Mit dieser Einsicht nehme ich, ohne eine einzige Einschränkung, auch die Vielschichtigkeit meines Wesens ganz einfach widerspruchslos an. Mich selbst unbeirrbar so anzunehmen, wie ich bin, macht mich frei. Mit dem Gewinn dieser meiner Freiheit kann ich spielend alles tun, was ich tun will und was mir Freude bereitet! Mir wird es bewusst: »Wenn für dich alle Bereiche deines Lebens ein Spiel sind, dann sind sie kein Kampf! Wer ein Spieler ist, der braucht nicht zu kämpfen!« Zu spielen, so glaube ich, ist nicht nur schöner, sondern auch leichter und erfolgreicher als zu kämpfen! Am nächsten Tag gehe ich wieder wie ein spielendes Kind auf meine Laufstrecke. Noch nicht weit gekommen, sagt meine innere Stimme zu mir: »Beachte die Behinderung durch deine Verletzung ab sofort nicht weiter! Entferne sie für alle Zeiten aus deinem Bewusstsein!« Dieses Spiel gewinne ich! Wieder einen Tag später sagt meine innere Stimme noch etwas zu mir: »Entferne sie auch aus deinem Unterbewusstsein!« Auch dieses Spiel gewinne ich! Jetzt blicke ich unbeschwert, in fröhlicher Erwartung auf mein nächstes Spiel. Bei diesem Spiel werde ich nicht, so wie das unschuldige Kind in Indien, meine Grenzen überschreiten, sondern nur das spielen, wozu ich zu spielen fähig bin. Dieses Spiel sind die 48 Stunden von Gols am Neusiedler See in Österreich.

Das Leben ist ein Spiel! Wer im Spiel bleibt, der bleibt am Ball!
Wer am Ball bleibt, der kann Tore schießen!
Wer Tore schießt, der ist ein Goalgetter!
Goalgetter sind die Sieger! Sieger werden nicht vergessen!

Die 48 Stunden von Gols 2011

Nachdem im vergangenen Jahr der Lauf von Gols wegen eines Unwetters nach dreißig Stunden abgebrochen wurde, betrachtete ich dieses unvollendete Lauferlebnis als ein unerledigtes Geschäft. Während meiner Heimreise beschloss ich damals, mein unerledigtes Geschäft im nächsten Jahr zu erledigen. Im vergangenen Jahr hatte ich bereits nach nur dreißig Stunden eine Distanz von 142 km zurückgelegt. Die erstrebenswerte 200-km-Marke war für mich damals noch nicht außer Sichtweite. Weil mir nicht nur das lange Laufen, sondern auch das lange Autofahren eine große Freude bereitet, freue ich mich nicht nur auf meinen Lauf, sondern auch auf meine Reise. Bevor ich meine Fahrt beginne, sagt ein mich offensichtlich beneidender, fettleibig auf mich wirkender Nachbar zu mir: »Da kommst du in einen langen Stau!« Diese sinnlose Aussage lasse ich an mir unbeachtet abgleiten! Meine Freude lasse ich mir von niemand rauben! Nach einer harmonischen Fahrt, ohne eine einzige Behinderung, erreiche ich mein Reiseziel. Die Mitglieder des Veranstalters vom Lauftreff Gols begrüßen mich auch in diesem Jahr wie einen guten Freund, der lange nicht da war und endlich wiederkommt. Nachdem ich meine Suite in der gleichen Sporthalle am gleichen Platz des Vorjahres beziehe, unternehme ich noch einen ausgedehnten Abendspaziergang in den angrenzenden Weingärten. In der Dunkelheit erkenne ich, im Licht einer Laterne, etwas Kleines, Rundes, auf dem Asphalt Liegendes. Meine nur für mich bestimmte, mir kostbare Glücksmünze hebe ich dankbar auf. Meine neue Münze wird mir, wie alle meine gesammelten Glücksmünzen, mein Glück bringen. Sie bringt mir Glück, weil ich an mein Glück glaube! Wenn auch Sie, liebe Leser, in allen Lebenslagen, ohne einen einzigen Zweifel, während Ihres gesamten Lebenslaufes, an Ihr Glück glauben, dann wird das Glück bei Ihnen einkehren und Sie nie verlassen. Aus Ihrem eigenen Lebenslauf wird ein Lauf des Glückes werden. Vor dem Start begebe ich mich, so wie vor allem, was ich tue, auf die Bewusstseinsebene meines Laufes. Meine Bewusstseinsebene verlasse ich erst mit dem Schlusssignal. Ich werde meinen neuen Lauf als ein neues Spiel erleben.

Mein Lauferlebnis

Nach dem Start verschmelzen nicht nur die 26 Läuferinnen und Läufer, sondern auch ihre Betreuer und die unersetzlichen Helfer des Veranstalters, ohne die der Lauf nicht möglich wäre, zu einer geschlossenen Gemeinschaft. Bei 48-Stunden-Läufen sind, aus meiner Sicht noch mehr als bei 24-Stunden-Läufen, ganz besondere und außergewöhnliche Menschen anzutreffen. Diese Menschen sind alles Läufer, die bereits viele Marathonläufe vollendeten. Sie blieben bei Marathon nicht stehen, sondern entwickelten sich, Schritt für Schritt, nicht nur als Läufer, sondern auch als Persönlichkeiten laufend weiter. Sich laufend weiterentwickelnde Persönlichkeiten bleiben niemals stehen! Jeder ihrer langen Läufe wird für sie zu einer neuen Lebenserfahrung! Menschen, die 24- oder gar 48-Stunden-Läufe beenden können, haben es nicht nötig, sich über für sie gewöhnliche Dinge des Alltags, ihre Zukunft oder sogar über die Verlogenheit der Politik Gedanken zu machen. Gewöhnliche Dinge sind für sie niedriger als die Bordsteinlinie. Sie stehen über den niedrigen Dingen! Es gibt für sie nichts, was sie beunruhigen oder gar erschüttern könnte. Sie sind anders als alle anderen gewöhnlichen Menschen. Aus diesem Grund suchen andere Menschen ihre Nähe! Sie fühlen sich wegen ihrer inneren Ruhe in ihrer Nähe geborgen! Ihre innere Ruhe übertragen sie unbewusst auf ihre Umwelt! Diese Läufer finden durch ihre langen Läufe alles, was für sie wertvoll ist und was das Leben ausmacht. Sie sind frei! Es gibt nichts, worüber sie sich noch sorgen müssen! Dieser sorgenfreie Zustand erzeugt in ihnen ein Gefühl des unverlierbaren Glückes. Nun bleibt mir viel Zeit, nicht nur auf mich zu achten, sondern auch mit Läufern zu sprechen, sie zu beobachten, mir Gedanken über sie zu machen und diese Gedanken festzuhalten. Ich selbst komme, im Einklang mit mir selbst, so voran, wie ich mich selbst einschätze. Zu dem Streckensprecher sage ich scherzhaft: »Ich möchte mich entschuldigen, weil ich wegen einer noch nicht überwundenen Verletzung nicht richtig laufen kann!« Für diese Entschuldigung bekomme ich von ihm im restlichen Verlauf eine besondere Anerkennung. Er sagt: »Der Leo ist trotz einer Verletzung zu uns gekommen!« Nach der ersten Nacht ziehen auch die Stunden des zweiten Tages und der zweiten Nacht bis zum Ende mit regelmäßigen Erholungspausen an mir vorüber. Kurz vor dem Ende sehe ich vor meinen Füßen eine weitere Glücksmünze! Mit einem glücklichen Lächeln hebe ich sie mühevoll auf und denke: »Dieser Lauf wird für deine weitere Entwicklung von besonderer Bedeutung sein!« Mit meiner Leistung von nur 152 km bin ich zufrieden. Diese Zufriedenheit erzeugt in mir ein harmonisches Glück! Nach dem Lauf und der feierlichen Siegerehrung genieße ich ein gemütliches Beisammensein mit Musik von dem laufenden Schifferklaviervirtuosen Franz Schullitsch im Kreise von Lauffreunden. Anschließend ziehe ich mich, bevor ich ausgeschlafen meine Rückreise antrete, auf meine Liege in die Sporthalle, wo ich nun ganz alleine bin, zurück. In der Halle kann ich mit dem Veranstalter und Spitzenläufer Franz Sack und seiner Helferin Edith sprechen und beide näher kennenlernen. In Edith erkenne ich eine groß gewachsene, schlanke Frau mit langen, dunklen Haaren, großen Augen und einem ausdrucksvollen Gesicht. Franz legte erst einige Wochen vor diesem Lauf bei einem 7-Tage-Lauf 792 km zurück. Franz sagt zu mir: »Leo! Hier kannst du, wenn du willst, bis zum nächsten Morgen, ungestört schlafen!« Bereits am Abend um 19 Uhr werde ich wach. Auf einer Bank neben mir sehe ich für mich eine aufgeschnittene Melone, Joghurt und Mineralwasser als Erfrischung von Franz und Edith liebevoll für mich bereitgestellt. Franz und Edith sind noch da. Beide beseitigen für den Schulbeginn am nächsten Tag alle Spuren des Laufes. Franz fragt mich: »Leo! Warum stehst du jetzt schon auf?« Ich antworte entschuldigend, in Anwesenheit von Edith: »Weil ich pinkeln muss!« Dann füge ich noch hinzu: »Stelle dir vor, wie beschissen das Leben der Menschen wäre, wenn sie nicht erwachen würden, wenn sie pinkeln müssen!« In Franz und Edith erkenne ich für mich zwei besonders wertvolle, bescheidene und in Harmonie mit sich selbst lebende Menschen. Wir sind Freunde und werden Freunde bleiben! Bevor ich mich auf den Weg mache, lasse ich beide noch ein Buch von mir auswählen. Edith schreibe ich in ihr Buch: »Wahrhaftigkeit bedeutet: wahrhaftig sich selbst gegenüber zu bleiben!« Franz schreibe ich in sein Buch: »Treue bedeutet: sich selbst treu zu bleiben!« Am nächsten Tag lockere ich mir mit einem kurzen Lauf die Beine. Ein Mann ruft mir zu: »Ein Gewitter kommt auf! Achte auf dich, dass dich der Blitz nicht erschlägt!« Auch diese sinnlose Aussage lasse ich an mir unbeachtet abgleiten! Etwas später sehe ich, im Abendlicht der untergehenden Sonne, in einem frisch angesäten Maisfeld einen mir schon lange bekannten Archäologen nach Tonscherben der vor dreitausend Jahren hier in den Naabauen lebenden Menschen suchen. Ich rufe ihm zu: »Das ist Liebe und Leidenschaft!« Er ruft zurück: »Genau wie bei Ihnen!« Ich rufe noch zurück: »Ein jeder auf seine Art!«

Lebensläufer: Thomas Frunzke aus Deutschland

Thomas kenne ich bereits seit den 24 Stunden von Hoyerswerda im Jahre 2009. Thomas ist, so wie ich, ein Einzelkämpfer, der ohne ablenkende fremde Hilfe, nur auf sich alleine gestellt, seine Läufe vollendet. Einem echten Einzelkämpfer ist es lieber, wenn er während seiner Läufe nur mit sich alleine sein kann. Ein Helfer oder Betreuer würde einen Einzelkämpfer bei seinem Lauf in seiner Konzentration mehr stören als helfen. Thomas läuft, in völliger Harmonie mit sich selbst und seiner Umwelt im Einklang, seinen Lauf mit seinem nur ihm eigenen Rhythmus. Dieser Rhythmus ist: »Ein vom Alltagsleben losgelöstes, abwechselndes Laufen und Gehen!«

Andreas Falk aus Schweden

Bei Andreas handelt es sich um einen Profisportler. Er wird während der gesamten 48 Stunden, ohne eine einzige Unterbrechung, von seinem professionellen Betreuer unterstützt. Beide wollen in Gols einen neuen schwedischen Landesrekord aufstellen. Um dieses Ziel erreichen zu können, muss Andreas nach einem genau festgelegten Zeitplan laufen. Der mir als bedauernswert erscheinende Andreas holt stöhnend und keuchend das Letzte aus sich heraus. Völlig erschöpft erkämpft er sein Ziel! Bei der Siegerehrung sitzen beide zu meiner Linken! Ich kann es erkennen: »Die lange Autofahrt und der lange Lauf hat sich für beide gelohnt! Das Glück ist in ihnen!«

Christina und Zoltan Nagy aus Ungarn

Als ein sich dem langen Laufen verschriebenes Ehepaar genießen beide das doppelte Glück ihrer gemeinsamen Läufe. Beide sind ein aufeinander eingespieltes, harmonisches Team. Christina widmet sich ihren schnellen Vorwärtsbewegungen. Zoltan ist, was bei Eheleuten oft der Fall ist, zumindest läuferisch der Schwächere. Neben dem schnellen Gehen kümmert er sich als eine Art von Manager um seine Christina. Es erweckt in mir eine große Freude, beobachten zu können, wie sie beide, sich gegenseitig unterstützend in ihrem gemeinsamen Lebensglück, ihren gemeinsam laufenden Lebenslauf erleben.

Martina Schmit aus Österreich

In Martina erkenne ich eine nicht nur mit dem Körper, sondern auch mit Geist und Seele in Harmonie mit sich lebende, laufende, hübsche Frau. Im Jahre 1999 überlebte sie einen schweren Unfall! Der Unfall veränderte ihr bisheriges Leben! Martina begann zu laufen! Bei ihren Läufen sammelt sie Spenden für gute Zwecke! Im April lief sie in sieben Tagen und sieben

Nächten 736 km. Ihre Leistung ist neuer österreichischer Landesrekord!
»Ihr Unfall war die Botschaft von ihrer höheren Macht!«

Martin Sattler aus Deutschland

Martin kenne ich als einen der besten deutschen Ultraläufer seit vielen
Jahren. Wegen langwieriger Verletzungen und gesundheitlicher Störun-
gen konnte er lange Zeit nicht so gut laufen, wie er eigentlich laufen kann.
Als Sechzigjährigen erlebe ich Martin hier und jetzt als den besten Martin
aller Zeiten! Ich bin erstaunt, mit welcher Lockerheit er fröhlich und be-
schwerdefrei den zweiten Platz in der Gesamtwertung erreicht. Nach dem
Lauf macht er sich sofort auf seinen 700 km langen Heimweg! Als Lehrer
muss er am nächsten Morgen pünktlich zum Unterricht erscheinen! Seine
Schüler freuen sich auf ein Wiedersehen mit ihrem Vorbild.

Karin Sperrer aus Österreich

An Karin erkenne ich es: »Laufen macht glücklich!« Ihr ansteckend wirkendes, glückliches Lächeln überträgt Karin nicht nur während der 48
Stunden, sondern auch als eine charismatische Persönlichkeit auf ihre
Umwelt. Mit ihrem nur ihr eigenen Lächeln verbreitet Karin Wohlbefinden! Ich denke auch über sie nach: »Mit dem strahlenden Lächeln, ihrer
gesamten Gestalt wird sie zu einer unübersehbaren Schönheit!« Karin ist
die einzige Österreicherin, die den Spartalon (von Athen nach Sparta) im
letzten Jahr erfolgreich beenden konnte. Sie gewinnt die 48 Stunden von
Gols mit dem neuen Landesrekord der Frauen! Aussage von Karin: »Das
Glück besteht nicht darin, dass du tun kannst, was du willst, sondern
darin, dass du immer das willst, was du tust!«

*Wer in jungen Lebensjahren ständig an sein Alter denkt – der wird
schneller alt, als er denken kann!*

Traum vom 13./14.06.2011

Ich betrete die Schmiedewerkstatt meines alten Meisters Georg Nell in Obernzenn. Zwischen dem Amboss und der Esse stehend, begrüßen mich feierlich, Beifall klatschend, freundliche Männer in dunklen Anzügen. An den Männern gehe ich grüßend vorbei. Durch einen Gang erreiche ich den hinteren Raum der Schmiede. Dort steht rechts mein alter Meister, so wie er mir in Erinnerung geblieben ist. Er ruft lachend, in seiner grobschlächtigen Art, deren Herzlichkeit ich damals noch nicht verstehen konnte: »Du Sauhund! Was hast du denn schon wieder angestellt?« Ich antworte nicht! Der Meister ruft wieder: »Wo warst du letzte Woche? Geht dir jetzt endlich ein Licht auf?« Jetzt antworte ich: »Bei der Prüfung!« Er sagt mit Stolz zu mir: »Du bist der Prüfungsbeste! Die Männer wollen dich auszeichnen und dir gratulieren! Der vordere Mann mit seiner schwarzen Schlägermütze, das ist der Herr Obermeister! Gebe ihm gefälligst die Hand!«

Die Bedeutung:

Die Lehre bei dem Meister brach ich nach nur fünf Monaten ab. Ich fühlte mich ungerecht behandelt, grüßte ihn nie wieder und sprach, sooft er mir später auch begegnete, kein einziges Wort mit ihm. Viele Jahre nach seinem Tod erkannte ich den tatsächlichen Grund für die Beendigung meiner Lehre. Ein Geselle, mit dem ich einen Schlafraum teilte, schimpfte, wenn er mit mir alleine war, ständig über den Meister und ganz besonders über seine noch jüngere zweite Frau. Er nannte nur dann, wenn es niemand außer mir hören konnte, die Frau des Meisters ein dummes Bauerntrampel aus Schwebheim.

Sobald ich, in meiner damaligen Unerfahrenheit, zu seinen Aussagen etwas bemerkte, ging er zu seiner Frau Meisterin, mit der er nach außen hin ein herzliches Verhältnis pflegte, und erzählte ihr, was der freche Lausbub über sie gesagt hat. Der Meister befahl mir, auf Verlangen von seiner in dieser Zeit noch heiligen Kuh, in die er sicherlich zu diesem Zeitpunkt noch verliebt war: »Du musst die Frau Meisterin mit Frau Meisterin ansprechen!« Den für mich unbehaglichen Befehl verweigerte ich! Die Frau Meisterin begann mich zu hassen! Das Ende meiner kurzen Laufbahn als ein Schmiedelehrling war nicht zu verhindern! Der Intrigant hatte gewonnen! Er konnte weiterhin den Liebling bei seiner schönen Frau Meisterin spielen. Später kam mir zu Ohren, dass der Meister über mich sagte: »Ich war dumm! Ich ließ mich von meiner Frau, die ein Kamel ist, beeinflussen! Den Guten, aus dem etwas geworden wäre, ließ ich gehen und den Deppen, den Deppen habe ich behalten!« Viele Jahre zogen in das Land. Der Meister wurde gebrechlich. Meine Mutter Anna wurde um Hilfe gebeten! Sie ging jeden Tag zu ihm! Mein Vater Heinrich beschimpfte deswegen meine Mutter: »Wie kannst du denn diesem Menschen, der unseren Buben so schlecht behandelte, helfen?« Meine Mutter antwortet entwaffnend: »Weil ich eine Christin bin! Christen vergeben alles. Sie sind gnädig und barmherzig! Dass der große Schmiedemeister jetzt auf meine Hilfe, die Hilfe einer armen Frau, angewiesen ist, sehe ich als eine Fügung Gottes!« Nach diesem Traum kann ich lange nicht einschlafen. Eine fröhliche Stimmung der Erleichterung überwältigt mich. Auch ich vergebe dem Meister alles, was zwischen uns vorgefallen ist. Bei meinem Lauf am nächsten Tag wird es mir bewusst: »Der Meister ist mir erschienen, um mit mir Frieden zu schließen!« Ich kann jetzt sogar seine glückliche Seele fühlen! Sie ist in mir! Sie wird mich auf meinen weiteren Wegen, sobald ich an ihn denke, begleiten!

Die Nachbetrachtung

Wenn der Meister damals nicht unter dem Einfluss seiner Frau gestanden wäre, so hätte aus mir vielleicht, oder vielleicht auch nicht, ein tüchtiger Schmiedemeister werden können. Als ein Schmiedemeister hätte der Weg meines Lebenslaufes einen anderen Verlauf genommen. Dies war jedoch nicht meine Bestimmung!

Kämpfe nicht gegen den Sturm! Warte ab, bis er sich gelegt hat!

Die 12 Stunden von Grieskirchen/Österreich 2011

Nach einer einjährigen Unterbrechung fahre ich wieder, gemeinsam mit meinem aus Frankfurt/Main kommenden alten Kameraden, dem fünfundsiebzigjährigen Bodo Rathsburg, nach Grieskirchen. Vor dem Start denke ich: »Mir geht es besser als den meisten Menschen in meinem Alter!« Ich denke auch an ein neues Lebensmotto: »Nicht jammern, sondern laufen!« Nach fünfeinhalb Stunden sagt der Streckensprecher zu mir: »Leo! Du hast jetzt 31 km!« Diese Information sagt mir: »Du bewältigst am Ende 62 km!« Um dreizehn Uhr ruft mir der Ober vom Straßencafé zu: »Leo! Dein Kaffee ist fertig!« Im Verlauf der Nachmittagsstunden begleitet mich für eine Runde der neunundsechzigjährige Ferdinand Deixler aus der Nähe von Wels in Österreich. Von Ferdinand ist mir bekannt: »Er pflegt nicht nur seine unheilbar kranke Frau, sondern auch seine an das Bett gefesselte Schwiegermutter!« Während meiner bisherigen Läufe in diesem Ort sah ich seine Frau, stets im Rollstuhl sitzend, mit strahlenden Augen, stolz, auf ihren Ferdinand blicken. Heute ist sie nicht da! Ferdinand spricht über sich: »Mir geht es zurzeit nicht gut, Leo! Meine Frau ist mit ihren Nerven am Ende! Vor kurzem musste sie hilflos mit ansehen, wie ihre Mutter, mit der sie ihr gesamtes Leben lang zusammen war, verstarb! Das verkraftet sie nicht! Heute bin ich alleine hier! Für meine Frau habe ich jemanden, der bei ihr bleibt, bis ich wieder zurück bin!« Ich frage Ferdinand: »Ferdinand! Hättest du die Belastungen deines Lebens auch ohne deinen täglichen Lauf bewältigen können?« Ohne zu zögern antwortet Ferdinand mit einem überzeugenden »Niemals!«. Am späten Nachmittag gesellt sich eine junge, blonde, sehr schlanke, wie eine Kindfrau auf mich wirkende Schönheit zu mir. Sie fragt mich: »Kann ich mit dir sprechen?« Ich antworte: »Selbstverständlich! Gerne!« Lissy sagt:

»Ich möchte dir zu deiner Leistung gratulieren und dir sagen, dass ich dich bewundere!« Wieder alleine mit mir selbst denke ich: »Wenn Lissy dich nicht als einen Läufer, sondern als einen Säufer zu sehen bekäme, so würde sie dich nicht bewundern, sondern verachten! Was habe ich doch für ein schönes Leben!« Vor dem Ende, bei mittlerweile strömendem Regen, denke ich: »Deine Glücksmünze hast du heute noch nicht gefunden!« Keine hundert Meter weiter sehe ich in einer Pfütze etwas Kleines, Leuchtendes, Rundes. Es bereitet mir, nach den vielen Kilometern in den Beinen, eine große Mühe, mich zu bücken, um sie aufzuheben. Ein Mann, der von seinem Wohnmobil aus einen der Läufer betreut, ruft mir zu: »Lasse sie doch liegen! Du fällst hin und bleibst liegen!« Mit meiner Münze zwischen Daumen und Zeigefinger rufe ich mit erhobener Hand zurück: »Wer seine Glücksmünze verachtet, der verachtet sein eigenes Glück!«

Wer sich nicht zu ernst nimmt, der kann leichter über sich selbst lachen!
Wer über sich selbst lachen kann, ist ein fröhlicher Mensch!
Fröhliche Menschen sind glückliche Menschen!

Die Begegnung vom 12.07.2011

Im hellen Licht der Mittagssonne begegnet mir, bei Temperaturen von über 30 Grad Celsius, auf meiner Laufstrecke die bereits 90 Jahre alte, schlank gebliebene, freundliche Frau Grassl aus dem Ortsteil Prissath. Sie meistert ihr Leben noch immer in völliger Unabhängigkeit und ohne fremde Hilfe. Ihre täglichen Einkäufe und Besorgungen erledigt sie so, wie sie es, als sie noch ein Kind war, gelernt hat, bei jedem Wetter zu Fuß. Wir kennen uns seit vielen Jahren durch unsere laufenden Begegnungen. Bei jeder unserer Begegnungen grüßen wir uns durch ein freundliches Winken als ein Zeichen der gegenseitigen Wertschätzung. Ihr nur ihr eigenes freundliches Wesen tut mir, sooft ich sie sehen kann, immer wieder gut. In ihr sehe ich eine echte und wahrhaftige gleichgesinnte Freundin. Bei unserem heutigen Begegnungspunkt hat sie, von ihrer Wohnung kommend, bereits 3 km zurückgelegt. Sie trägt einen dunklen Rock und eine dazupassende helle, geblümte Bluse. Ich bleibe kurz stehen und frage sie:»Wie geht es dir!« Sie antwortet weise lächelnd:»Das weißt du doch selbst am besten! Solange der Mensch gehen kann, geht es ihm gut! Ich kann noch gehen, weil ich jeden Tag gehe!« Bevor wir uns gegenseitig bis zu unserer nächsten Begegnung alles Gute wünschen, sagt sie noch, mit einer Handbewegung, die das Erhängen ausdrückt:»Wenn ich mich nicht mehr bewege, dann kann ich mich gleich aufhängen!« Ich wünsche ihr noch einen langen fröhlichen Lauf in ihrem weiteren Lebenslauf.

Ein Abhängiger sitzt in einem Käfig wie ein Vogel!
Ein Unabhängiger kann fliegen wie ein Vogel!

Die 24 Stunden von Reichenbach 2011

Ich lasse mich durch nichts davon abhalten, auch in diesem Jahr, und dies zum elften Mal, nach Reichenbach zu fahren. Ich freue mich auf das laufende Gemeinschaftserlebnis mit 150 Läuferinnen und Läufern. Laufgemeinschaftserlebnisse zählen für mich zu den wertvollsten Bereicherungen meines Lebens. Einen der Läufer bewundere ich ganz besonders. Sein Name ist Helmut Phillip aus Wolfen! Durch einen Unfall verlor er einen Unterschenkel! Er beklagt sich nicht über sein Schicksal! Mit einer Beinprothese geht er, so wie bereits ein Jahr vorher, gut gelaunt und unverzagt seinen Weg. Er bewältigt über 70 km! Nach Mitternacht beobachte ich meinen mittlerweile 89 Jahre alt gewordenen Freund Horst Feiler. In der Dunkelheit der Nacht droht er, wegen seiner Kurzsichtigkeit gegen einen Baum zu laufen. Ich nehme Horst bei der Hand und führe ihn, trotz seiner Proteste, zu dem Auto seines Vereinskameraden Rainer Gibitz. Er setzt sich auf den Beifahrersitz, und ich sage zu ihm: »Hier bleibst du sitzen, bis es dir wieder besser geht und die Dunkelheit der Nacht dem Licht des Tages weicht! Ich will nach dem Lauf bei der Siegerehrung einen gesunden Horst sehen!« Nach dem Lauf sagt Horst zu mir: »Leo! Ich danke dir! Du hast recht gehabt!« Im Verlauf der Nacht fragt mich ein ehemaliger Deutscher Meister, der als Zuschauer hier ist: »Leo! Darf ich dich eine Runde lang begleiten? Weil auch du einmal mit dem Laufen aufgehört hattest, möchte ich mit dir etwas besprechen! Ich beginne jetzt nach vierjähriger Unterbrechung wieder mit dem Laufen! Im nächsten Jahr werde ich wieder dabei sein! In deinem Buch schreibst du: »Die Bedingung für eine Rückkehr in die Laufszene ist: ›Jeden Tag, ohne eine Ausnahme zu laufen!‹« Ich ergänze dazu: »Wenn du auch nur einen einzigen Tag aussetzt, besteht die Gefahr, dass aus diesem einzigen

Tag immer wieder ein neuer einziger Tag wird. Diese Entwicklung kann schneller als du glauben kannst zur Gewohnheit werden. Wenn diese Entwicklung erst einmal zur Gewohnheit geworden ist, dann ist das Ende eines aktiven Läuferlebens schon sehr nahe. Für einen, der wie du wieder anfangen will, halte ich das Anfangen für sinnlos, wenn er glaubt, Kompromisse eingehen zu können. Kompromisse sind nichts, und von nichts kommt nichts!« Mein Begleiter sagt dazu: »Da bin ich nicht deiner Meinung!« Ich antworte entschieden: »Du bist nicht ich und ich bin nicht du! Ich will dich nicht belehren und auch nicht von deiner Meinung abbringen! Ich selbst lasse mich durch nichts und niemanden von meiner durch eigene Erlebnisse und Erfahrungen gefestigten Überzeugung abbringen!«

Anmerkung

Im nächsten Jahr war Hanspeter Heise weder als Zuschauer noch als Läufer zu sehen! Später begleitet mich Rolf Ernst. Wir kennen uns! Wir führen, wie ich glaube, ein gutes Gespräch! Rolf vermittelt mir: »Ich bin ein zufriedener Mensch! Ich führe ein glückliches Leben! Bei meinen langen Läufen finde ich meine innere Ruhe und die Ausgeglichenheit, die ich nach meiner anspruchsvollen Arbeit bei Volkswagen in Zwickau benötige!« Kurz vor dem Ende gehen Rainer Rottmann und ich in der Morgensonne des neuen Tages gemeinsam Runde um Runde. Ich bespreche mit Rainer etwas, was mich beschäftigt. »Vorgestern war ich mit meinem Männerchor bei der Mitgestaltung einer goldenen Hochzeit in einer Kirche. Die goldene Jubelfeier wurde von insgesamt vier hochrangigen kirchlichen Würdenträgern feierlich zelebriert. Während drei der hochwürdigen Herren in festlicher Kleidung auf weich gepolsterten roten Sesseln saßen, trat abwechselnd einer nach dem anderen an das Rednerpult und hielt eine Rede. Einer der von den Gläubigen als hochwürdig verehrten Prediger verurteilte mit lauten Worten die vielen Ehescheidungen in der heutigen Zeit. Anschließend lobte er die unverletzliche Heiligkeit der heiligen Ehe mit den Worten: ›Was Gott zusammengeführt hat, das darf der Mensch nicht trennen.‹ Seine Rede erzeugte in mir einen heftigen Widerstand! Ich dachte und hätte, wenn ich den Chor nicht in Misskredit gebracht hätte, von der Empore aus zu ihm hinuntergerufen: ›Wie können Sie alter Klugscheißer die Ehe bewerten, wenn Sie selbst nie verheiratet waren und deswegen auch nicht wissen können, was eine Ehe überhaupt ist? Wieso dürfen die Priester der römisch-katholischen Kirche Kinder zeugen, aber nicht in den von der Kirche als heilig bezeichneten Stand der Ehe treten? Wieso bezahlt die Kirche, auf Kosten der Kirchensteuerzahler, heimlich den Lebensunterhalt, bis zu dem dritten Kind, der vor der Öffentlichkeit verschwiegenen unehelichen Kinder von euch hochwürdigen Herren? Woher wollen Sie denn überhaupt wissen, ob die Ehe eine von Gott zusammengeführte heilige Gemeinschaft ist? Sprechen Sie im Namen Gottes oder vertreten Sie die Machtinteressen ihres Dienstherren?‹« Rainer fragt mich: »Möchtest du mit dem goldigen Bräutigam tauschen?« Meine spontane Antwort nach der geistig geläuterten Reinheit von 22 Stunden der Bewegung lautet: »Niemals!« Wenn ich Menschen zu ihrer goldenen Hochzeit gratuliere, gerate ich in einen Zwiespalt! Einerseits gratuliere ich ihnen, weil ich sie nicht beleidigen möchte. Andererseits sagt meine innere Stimme: »Mein Beileid!« Zuletzt erwähne ich noch das zu jedem Leben gehörende, sich nach meiner Erfahrung in einer langen Ehe erlöschende Feuer der Leidenschaft. Rainer, so glaube ich, stimmt mit mir überein! Wenn er mit mir nicht übereinstimmen würde, wäre er nicht mein Begleiter! Ich selbst erkenne in einer jeden meiner erlebten Beziehungen ein neues Abenteuer, aus denen ich Lebenserfahrungen sammeln konnte. Sie waren ohne eine einzige Ausnahme wertvolle Bereicherung meines Lebens. Auf keine dieser erlebten Bereicherungen möchte ich verzichten. Manchmal bedauere ich es sogar, an vielen Blumen, die an meinem Wegrand standen, achtlos vorübergegangen zu sein. Einige Tage später denke ich nach und sage zu mir: »Leo! Sei tolerant, sanftmütig und verständnisvoll! Überlege dir, was du denkst, was du sagst und was du schreibst! Was sollen deine Leser von dir halten? Es kann doch, auch wenn du es nicht verstehen kannst, gut möglich sein, dass es Menschen gibt, die mit jedem Jahr ihrer Ehe um ein Jahr glücklicher werden und ineinander verschmelzen! Ein Eheglück kann doch bis zum Ende ihres gemeinsamen Lebenslaufes als eine in unverbrüchlicher Liebe und Treue verbundene und in Harmonie lebende Gemeinschaft Bestand haben. Bleibe du in deiner selbstgerechten, hochmütigen Arroganz in Zukunft neutral. Unterlasse es in Zukunft, die Lebenswelt und das Weltbild anderer Menschen zu bewerten! Denke auch an deinen Glaubenssatz: Was für dich verrückt ist, kann für andere normal sein! Was für dich normal ist, kann wiederum für andere verrückt sein!« Wiederum einige Tage später beschäftigen sich meine Gedanken bei meinem täglichen Lauf mit meinen Erkenntnissen über die Ehe. Vor dem Ende dieses Laufes höre ich meine innere Stimme! Sie sagt zu mir: »Den Menschen gibt es seit fünf Millionen Jahren! Die christliche Kirche besteht noch keine zweitausend Jahre! Diese Kirche ist nicht Gott der Allmächtige! Verliere niemals deinen Mut! Lasse dich durch nichts und von niemand beirren! Halte weiterhin deinen Glaubenssätzen die Treue!« Liebe Leser! Sollte es der Fall sein, dass meine Erkenntnisse Sie dazu bringen, über Ihr nur Ihnen gehörendes, eigenes Leben nachzudenken, so unternehmen auch Sie, ganz alleine mit sich selbst, unter freiem Himmel, ohne Handy und Kopfhörer, lange Läufe oder Wanderungen. Durch lange Läufe oder auch Wanderungen, alleine mit sich selbst, können auch Sie, wenn Sie an sich selbst glauben, mit Geduld, im Verlauf der Zeit zu Ihrem nur Ihnen eigenen Ich finden!

Stehende Wasser bleiben an den alten Ufern!
Fließende Wasser brechen auf zu neuen Ufern!

Die 48 Stunden von Kladno 2011

Noch nicht erholt und nur fünf Tage nach der Beendigung der 24 Stunden von Reichenbach, stehe ich im Kreise von 25 Läuferinnen und Läufern um zwölf Uhr mittags vor der Stadiontribüne am Start. Dieser Lauf ist für mich in diesem Jahr die letzte Gelegenheit, um an einem 48-Stunden-Lauf teilzunehmen. Auf diese Gelegenheit will ich nicht verzichten. Mir ist es bewusst und ich sage zu mir: »Die letzten 24 Stunden stecken dir noch in den Knochen!« Reichenbach werde ich deshalb in Kladno für die Dauer des Laufes aus meinem Bewusstsein entfernen! Auch nur ein einziger Gedanke an Reichenbach würde mich schwächen! Am Start sehe ich einen mir noch nicht bekannten und wegen seiner Gestalt ungewöhnlich auf mich wirkenden Läufer. Ich gehe zu ihm hin! Gehe um ihn herum! Betrachte ihn von allen Seiten und von oben bis unten! Zu seinem markanten Gesicht trägt er einen Vollbart. Er bemerkt meine Neugier! Wir stellen uns gegenseitig vor. Petr Tuma hat bei einer Körpergröße von 2,01 m ein Gewicht von 140 kg. Er ist schon einmal einen Marathon gelaufen! Für die 48 Stunden hat er sich angemeldet, weil er vom Laufen fasziniert ist und von sich glaubt, während dieser langen Zeit sich einen Traum erfüllen zu können. Sein Traum ist: »100 km in 48 Stunden zu laufen!« Mehr zu mir als zu ihm sage ich: »Viel Glück! Herkules!« Er lacht dazu mit der Unbekümmertheit eines erwachsenen Kindes und ruft, während er seinen mächtigen Oberarmbizeps anspannt: »Ich bin Herkules! Ich bin Herkules! Herkules ist gut!« An seiner reichhaltigen Verpflegungsstation, deren Umfang mir für eine Expedition als ausreichend erscheint, wird er von seiner schlanken Lebensgefährtin versorgt. Petr bewältigt, bevor er seinen Lauf vorzeitig beendet, immerhin 50 km. Ich denke: »Es ist nichts unmöglich! Aber Wunder dauern etwas länger! Ich würde mich freuen, wenn ich dich im nächsten Jahr hier wieder sehen würde und du dir dann mit etwas weniger überflüssigem Ballast deinen Traum doch noch erfüllen könntest.«

Anmerkung

Ein Jahr später ist Petr erneut am Start. Petr erfüllt sich seinen Traum. Petr bewältigt seine 100 km. Ich gratuliere Petr! Während der Siegerehrung sitzen wir nebeneinander. Petr fragt mich nach meinem Alter. Dann sagt er traurig zu mir: »Mein Vater ist so alt wie du. Er kommt den ganzen Tag nicht aus seinem Sessel. Trinkend und rauchend verbringt er seinen Lebensabend.« Vom Beginn an sehe ich zwei ungleiche Laufgestalten für viele Stunden im Gleichschritt nebeneinander laufen. Der eine der beiden ist groß und der andere, im Vergleich zu dem Großen, eher etwas klein gewachsen. Ich denke über die beiden: »Das kann nicht und wird auch nicht gut gehen!« Der Kleinere läuft nicht sein ihm eigenes, sondern das Tempo des Größeren! Später geht der mir etwas entmutigt erscheinende Kleinere neben mir. Er bemerkt meine ihn musternden Blicke und sagt: »Ich weiß es aus deinem Buch, was ich falsch gemacht habe! Jeder sollte nur sein ihm eigenes Tempo laufen! Der Mirko Leffler sagte vor dem Lauf zu mir: ›Ich soll mit ihm laufen!‹« Ich höre aufmerksam zu und sage zunächst nichts! Vorwürfe oder gut gemeinte Ratschläge helfen Norbert Künkel jetzt nicht weiter. Ich will Norbert wieder aufbauen! »Du bist doch ein toller Mann! Du kannst stolz auf dich sein! Menschen wie du, die an einem 48-Stunden-Lauf teilnehmen gibt es nur wenige! Sie sind eine nicht messbare elitäre Minderheit! Für Menschen wie dich gibt es nichts, was sie nicht bewältigen können, und nichts, wovor sie Angst haben müssten! Verliere niemals deinen Mut! Du bist jedem König, jedem Kaiser, dem mächtigsten Diktator, jedem Präsidenten und auch den reichsten und schönsten Menschen der Erde bei Weitem überlegen! Im Vergleich zu dir sind dies alle nur Nullen! Du bist einer, der einen 48-Stunden-Lauf beenden kann! Aber alle diese schwachen Größen würden ohne eine einzige

Ausnahme jämmerlich zusammenbrechen!« Mirko Leffler sehe ich nach 46 Stunden mit einer glücklichen Selbstzufriedenheit zurückgelehnt in seinem Liegestuhl sitzen. Für Mirko gilt sein Lauf bereits als beendet. Er hat sein Laufziel, die 200-km-Marke zu überschreiten, mit seinem persönlichen Rekord erreicht. Ich gehe zu Mirko hin! Gratuliere ihm und sage danach lautstark zu ihm: »Stehe sofort wieder auf und vollende deine 48 Stunden! Du hast hier und heute die Gelegenheit, deinen persönlichen Rekord noch weiter zu verbessern! Du kannst nicht wissen, ob dir diese Gelegenheit in deinem Leben noch einmal geschenkt wird! Persönliche Rekorde sind für den einzelnen Menschen wichtiger als sämtliche Weltrekorde anderer Menschen! Persönliche Rekorde sind seine eigenen Rekorde! Sie gehören nur ihm! Mit jedem persönlichen Rekord betritt der Mensch ein ihm bisher verschlossen gebliebenes, neues, unbekanntes Land! An der Grenze zu diesem neuen Land sollte er nicht ängstlich stehen bleiben, sondern furchtlos so weit wie möglich hineingehen! In späteren Jahren, wenn ich selbst nicht mehr am Leben bin, wirst du an mich denken und meine Worte vielleicht verstehen können!« Bei mir selbst macht sich noch vor Mitternacht der zweiten Nacht ein Schwächeanfall bemerkbar. Einen Schwächanfall erkenne ich an mir, wenn ich die Kontrolle über meine Beine verliere. Es ist dann an der Zeit, eine erholsame Ruhepause einzulegen! Nach einem kurzen Schlaf erwache ich wieder! Ich kann den seit 24 Stunden anhaltenden starken Dauerregen auf dem Dach der Sporthalle zu meiner Freude nicht mehr wahrnehmen. Hoffnungsvoll schlüpfe ich in meine letzte noch nicht durchnässte Kleidung. Nach nur einer einzigen trockenen Runde auf der Laufstrecke öffnet der Himmel erneut seine Schleusen. Die mir verbleibende Zeit bis 12 Uhr mittags kann ich nicht ohne eine weitere Pause bewältigen. In meinem Schlafsack erwärmt sich mein geschwächter und unterkühlter Körper. Ich genieße durch meine eigene Körperwärme ein mich beglückendes Wohlbefinden! Meine Gedanken wandern jetzt weit zurück! »Die Geborgenheit in dem warmen Leib meiner Mutter war für mich ähnlich angenehm wie die jetzige Geborgenheit in meinem Schlafsack! Im behüteten Paradies des Mutterleibes wäre ich gerne geblieben! Aus diesem Paradies wurde ich hinausgeworfen! Im Paradies meines Schlafsackes könnte ich noch eine Weile bleiben! Dieses Paradies verlasse ich freiwillig, um im Regen meinen Lauf zu beenden!«

Zwei lebende Vorbilder

Valery Kruglikov und Karl-Gustav Nyström. Valery aus Weißrussland kann wegen einer Körperbehinderung nicht laufen, sondern nur gehen. Während sein rechtes Bein gerade ist, ist sein linkes Bein am Knie extrem stark nach außen gebogen. An diesem Bein trägt er zwischen Wade und Knie eine Bandage. Seine Gangart hat er dieser Behinderung angepasst. Valery bewegt sich im Stile einer Rennraupe, ohne vom Boden abzuheben, vorwärts. Mit seiner für mich erkennbaren leidenschaftlichen Begeisterung und seinem nur ihm eigenen Läuferglück legt er lächelnd 181 km zurück.

Nach dem Lauf frage ich Valery, mit dem Finger auf sein behindertes Bein deutend: »Unfall oder Krankheit?« Valery antwortet: »Osteoporose!«

Karl-Gustav aus Schweden erlitt im Jahre 1982 einen Unfall mit 21 Knochenbrüchen. Dieses Ereignis zog bei ihm bisher 31 Operationen nach sich. K.-G. saß bereits, von Ärzten dazu verurteilt, für den Rest seines weiteren Lebens als ein von anderen Menschen abhängiger Pflegefall hilflos in einem Rollstuhl. Die Götter in Weiß sagten zu ihm: »Bleiben Sie schön ruhig sitzen und bewegen Sie sich nicht!« K.-G. ließ sich nicht beirren! Mit seiner Energie, seinem Optimismus und der Ausstrahlung seiner Lebensfreude wurde er zu einem begeisterten Ultraläufer. Ich glaube sowohl Valery als auch Karl-Gustav wären ohne ihre Krankheit oder ihre Unfallverletzungen niemals 48-Stunden-Läufer geworden.

Nur durch diese einschneidenden Ereignisse in ihren bisherigen Leben wurden beide zu Lebensläufern. Als Lebensläufer öffneten sich beiden die Türen zu neuen Dimensionen!

Begegnungen

An der Laufstrecke stehen mehrere leere Parkbänke. Ich erinnere mich an ein zwei Jahre zurückliegendes Erlebnis. Auf einer der Bänke sitzen zwei hübsche, noch nicht volljährige Mädchen. Mit der Rechten der beiden komme ich in Kontakt. Lolita erweckt in mir nach dreißig gelaufenen Stunden, mit ihren leuchtenden Augen, ihrem unwiderstehlich verführerisch auf mich wirkenden Lächeln, den unsinnigen Gedanken der Versuchung, meinen Lauf vorzeitig zu beenden und mit ihr zu verschwinden. Nach etwa dreißig gelaufenen Stunden sitzen heute wieder zwei weibliche Wesen auf der gleichen Bank. Mit der Rechten der beiden komme ich in Kontakt. Bei jeder unserer Begegnungen blicken wir uns freundlich grüßend in die Augen. Auch ihre Augen wirken auf mich leuchtend. Ihre Figur dagegen erscheint mir, obwohl sie unter einer hochwertigen Kleidung verborgen ist, als nicht besonders asketisch. Die Falten in ihrem Gesicht sind von einer dicken Schminke überdeckt. Ihre einst sinnlichen Lippen hat sie mit einem grellen Rot geschminkt. Sie wirkt auf mich wie eine verblühte Rose. Einen unsinnigen Gedanken der Versuchung kann sie in mir nicht erwecken. Als die Bank wieder leer ist, denke ich, wobei auch ich an mein Lebensalter denke: »Wir begegneten uns zu einem falschen Zeitpunkt!«

Der Gleichklang seiner fünf Sinne unterscheidet den edlen
vom gewöhnlichen Menschen!

Urlaub 2011 Lignano/Italien

Nach einer Abwesenheit von zwei Jahren wird mein staubiger und schattenloser Weg auf einem Damm am Meer endlich wieder zu meiner täglichen Laufstrecke. Die mich innerlich wärmende und äußerlich bräunende Sonne empfindet mein Körper nicht als eine unangenehme Hitze, sondern als eine heilende Medizin. Nach zwei Wochen werde ich zunächst noch etwas erschöpft, aber danach schon bald gut erholt wieder zu Hause sein. Während meiner täglichen Begegnungen blicke ich in viele Augen von Gehern, Läufern und Radfahrern. Ihre wohlwollenden, mich grüßenden Augen übertragen auf mich die positive Energie ihrer Besitzer ebenso, wie ich meine positive Energie auf sie übertrage. Weil sich meine Laufgeschwindigkeit im Verlauf meiner vielen Läuferjahre schleichend verlangsamte, werde ich laufend von jüngeren Läufern überholt. Dieses Laufend-überholt-Werden war für mich am Anfang sehr gewöhnungsbedürftig. In jüngeren Jahren setzte ich jedem, der mich überholte, so lange nach, bis ich ihn wieder eingeholt und anschließend überholt hatte. Das Überholen war für mich, und ist es auch heute noch, ein mich befriedigendes Erfolgserlebnis. Am 29.08.2011 überholt mich eine Frau. Sie ist noch kleiner als ich. Ihre Figur erscheint mir als nicht besonders schlank. Sie hat ein markantes, einer Indianerin gleichendes Gesicht und trägt schulterlange schwarze Haare. Ihre bereits vom Schweiß getränkte Kleidung besteht aus einer knielangen grauen Laufhose und einem dunkelroten T-Shirt. Ihr Laufen wirkt auf mich nicht spielend, sondern kämpfend. Ich behalte sie im Blickfeld. Als sie vom Laufen in das Gehen wechselt, werde ich instinktiv schneller und komme ihr wieder näher. Ich hole sie ein – sie bemerkt mich – beginnt wieder zu laufen und stellt nach einem Zwischenspurt den alten Abstand zwischen ihr und mir her. Ich gebe nicht auf, sondern hefte mich an ihre Fersen. Ich denke: »Sobald sie wieder langsamer wird, versuchst du es erneut!« Mit letzter Energie erreicht sie zwar erschöpft, aber dennoch glücklich ihr Ziel am unteren Ende des Dammweges. Anschließend läuft sie einen kleinen Abhang auf die Straße hinunter und dreht sich fröhlich winkend nach mir um. An ihr erkenne ich es: »Diese einfache Frau ist stolz auf ihr persönliches Erfolgserlebnis! Ihr Erfolgserlebnis wird ihr Selbstwertgefühl erhöhen und für sie zu einer wertvollen Lebenshilfe werden! Dieses Erfolgserlebnis wird sie immer wieder neu erleben wollen!« Ich selbst kehre vergnügt um und laufe vom oberen Ende des Weges zu meinem Hotel zurück. Später frage ich mich: »War die aus deinem noch nicht erloschenen Bewegungstrieb entstandene Verfolgung dieser Frau dein Sexualtrieb oder dein Jagdtrieb?« Nach dieser Frage bin ich mir bewusst: »Solange der Mensch noch seine lebensbejahenden Urtriebe besitzt, ist in ihm noch genügend Lebensenergie für ein langes und aktives Leben.« Am nächsten Tag sehe ich im hellen Licht der südlichen Mittagssonne einen etwa zehn Jahre alten Knaben. Der Anblick dieses Knaben befördert ein mir längst vergessenes Erlebnis an das Tageslicht. Unser Klassenlehrer, der Herr Hauptlehrer Meier, unternimmt am letzten Schultag vor den Sommerferien mit seiner Schulklasse einen Wanderausflug von Obernzenn nach Jobstgreuth. Vor dem Ausflug belehrt er seine Schüler eindringlich: »Ich gehe immer an der Spitze. Jeder, ohne eine einzige Ausnahme, bleibt immer hinter mir. Es darf keiner verloren gehen.« An dem Waldhaus »Zur Jägers Ruh« wird eine Pause eingelegt. Die Klasse ist noch eine geschlossen Einheit. Als der Lehrer jedoch das Ziel der Wanderung erreicht, sitzen bereits einige seiner Schutzbefohlenen vergnügt im Gasthaus von Hans Müller. Der Herr Lehrer ist außer sich vor Wut und fragt: »Wer war der Anführer von euch ungehorsamen Lausbuben?« Der Anführer wird nicht verraten. Der Herr Lehrer blickt mich an und sagt: »Ich kenne den Anführer! Nach den Ferien werde ich dich bestrafen!« Der schuldbewusste Anführer entschuldigt sich und verspricht Herrn Hauptlehrer Meier hoch und heilig: »Herr Lehrer! Auf dem Rückweg bleibe ich immer an Ihrer Seite.« Dieses Versprechen vergisst er in dem Augenblick, als seine Beine zu laufen beginnen. Einen weiteren Tag später stehen zwei

Reisebusse aus dem nahen Amberg unterhalb des Dammes. Auf dem Weg sehe ich zwei Männer mit grauen Hosen und hellen Hemden auf das Meer blicken. Ich nehme mir ausnahmsweise die Zeit, bleibe stehen und frage:»Seid ihr die Busfahrer der Busse aus Amberg?« Nach ihrer Antwort sage ich, wer ich bin und von wo ich herkomme. Der eine der beiden sagt nun besorgt zu mir:»Das, was Sie bei dieser Hitze machen, ist Wahnsinn und lebensgefährlich! Das ist wissenschaftlich nachgewiesen! Darüber haben schon viele Wissenschaftler ausführliche Berichte geschrieben! Das brauchen Sie nur zu lesen! Dann wissen Sie Bescheid!« Ich antworte dem Mann mit meiner unbekümmerten Art:»Je mehr du über das Wissen der Wissenschaftler zu wissen glaubst, desto mehr wirst du verunsichert, weil jeder Wissenschaftler etwas anderes zu wissen glaubt! Ich selbst benötige kein Wissen über das Laufen von unwissenden Wissenschaftlern. In meinem langen Läuferleben konnte ich bisher noch keinen Wissenschaftler bei einem meiner 24- und 48-Stunden-Läufe entdecken. Außerdem ist mir kein Wissenschaftler bekannt, der wie ich in seinem langen bisherigen Läuferleben 255.000 km laufend zurückgelegt hat. Ich bin und bleibe lieber im Vertrauen auf mich selbst mein eigener Wissenschaftler. Mein Wissen ist ein Wissen aus eigenen Erfahrungen. Über dieses Wissen habe ich bereits vier Bücher geschrieben.« Die Männer wirken auf mich beeindruckt, wollen sich meine Bücher kaufen und wünschen mir auf dem Weg zu der Marke von 300.000 km viel Glück. Ich wünsche den beiden, bevor ich meine Gestalt wieder in Bewegung setze, eine gute Fahrt auf allen ihren Straßen. Die letzten zwei Urlaubstage verbringen wir als Gäste bei unseren Freunden Trude und Gerhard Rauch in Leibnitz, im märchenhaft schönen österreichischen Bundesland, der Steiermark. Nach unserer Ankunft zeigt mir Gerhard als Erstes eine Brücke, die über den Fluss Sulm führt. Auf diesem Weg an einem mir entgegenfließenden Wasser finde ich meine für mich bereitgestellte Laufstrecke. Auf dieser Laufstrecke begegnen mir, so wie überall, mich freundlich grüßende Menschen. Am zweiten Tag begegnet mir ein auf mich einzigartig wirkender und mich tief beeindruckender Läufer mit freiem Oberkörper. Während er seine Beine in der Morgensonne ganz einfach laufen lässt, hat er seine Hände vor seinem Körper zu seinem Morgengebet gefaltet. Wir begegnen uns, blicken uns in die Augen, nicken uns verstehend zu und laufen gestärkt weiter. Ich denke: »Laufen ist doch das Schönste, was es für mich geben kann!« Ich danke, in das Blau des Himmels blickend, meiner höheren Macht für diese wertvolle Begegnung.

Wenn für dich alles gut ist, so wie es ist,
dann lasse es gut sein, so wie es ist!

Begegnung vom 22.09.2011

Seit einiger Zeit beschäftigt mich der Gedanke, einen Spaziergang auf einer meiner alten Laufstrecken, im Donaupark von Regensburg, zu unternehmen. Nach dem Spaziergang sagt meine innere Stimme zu mir: »Gehe in das Lokal vom Campingplatz!« Mein Verstand fragt: »Was soll ich dort?« Meine innere Stimme antwortet: »Stelle keine Fragen, sondern lasse dich überraschen!« Hinter der Eingangstüre lasse ich mich auf der linken Seite mit dem Rücken zur Wand am zweiten, dem einzigen nicht besetzten Tisch nieder. Von hier aus kann ich alle Leute im Lokal beobachten. Eine Überraschung kann ich nicht erkennen. Auf dem rechten Tisch neben mir sehe ich allerdings ein angetrunkenes Bier und dahinter einen zurückgeschobenen Stuhl. Nach einiger Zeit erscheint eine mir merkwürdig erscheinende sonderbare männliche Gestalt. Er wirkt auf mich in seiner Phantasieuniform, mit seiner Militärjacke, seiner Offiziersmütze und seiner dunklen Brille wie ein General im Ruhestand. Ich denke: »Mit seiner dunklen Brille kann er alles unbemerkt überblicken!« Er beginnt mich zu beobachten. Ich tue so, als wenn ich es nicht bemerken würde. Er fragt mich: »Sind Sie Ausländer?« Ich: »Nein. Warum? Haben Sie etwas gegen Ausländer?« Er: »Nein! Ich dachte, Sie sind einer der Holländer vom Campingplatz!« Er denkt nach: »Wie kommen Sie hierher?« Ich: »Vor vielen Jahren wohnte ich in dieser Straße. Von Zeit zu Zeit zieht es mich wieder an die Orte, in denen ich einmal lebte.« Er: »Sie haben auch in Regensburg gewohnt? Wie sind Sie nach Regensburg gekommen?« Ich: »Im Jahre 1959 wurde ich durch die Bundeswehr von Ludwigsburg nach Regensburg zu einer Neuaufstellung versetzt.« Er: »In welcher Kaserne waren Sie damals?« Ich: »Zuerst in der Maxhüttenstraße und zuletzt in der Leopoldkaserne.« Er: »Zu dieser Zeit war ich Offizier im Divisionsstab!« Ich: »Beim Divisionsstab waren damals zwei Freunde von mir. Edi Feneberg war mit einer Bestzeit von 10.3 Sekunden bayerischer Rekordmann über die 100 Meter. Sigmund Heyl war ein hervorragender 5000-Meter-Läufer. Sigmund und ich trainierten gemeinsam auf der Aschenbahn in der Kaserne.« Er: »Dann müssen Sie auch den Huf kennen!« Ich: »Ja. Natürlich kenne ich den Sepp!« Er: »Ich bin der Huf Sepp, und wer bist du!« Ich: »Mein Name ist Leo Stierhof.« Er: »Was! Der Leo bist du! Dich hätte ich nicht wiedererkannt.« Nach der Wiedersehensfreude ist der Sepp in seinem Element. Er beginnt von sich zu erzählen. Er spricht über seine Lauferfolge ebenso wie über seine erfolgreiche Militärlaufbahn. Ich unterbreche ihn mit einer Zwischenfrage: »Warum trägst du diese dunkle Brille?« Er gibt mir keine Antwort. Nachdem ich diese Frage wiederhole, sagt er: »Weil ich das helle Licht im Lokal nicht vertrage.« Ich frage weiter nach: »Was machst du hier auf dem Campingplatz?« Er: »Ich lebe hier vorübergehend mit meiner Frau in einem Wohnmobil. In dem Wohnmobil wird es des Nachts schon ziemlich kalt. Im nächsten Frühjahr ziehen wir wieder in die warme Heimat meiner Frau auf den Philippinen. Meine Frau ist auch hier! Soll ich sie holen?« In seiner Frau erkenne ich eine zwar kleine, jedoch großartige Frau, die ihren Mann bedingungslos so annimmt, wie er ist, und bewundert. Sie gibt ihrem Josef die Anerkennung und die Liebe, welche er bei seiner ersten, einer deutschen Frau nicht kannte. Beide sind bereits seit dreißig Jahren glücklich verheiratet. Wir sprechen noch lange über vergangene Zeiten und gemeinsame Lauferlebnisse. Bevor ich mich verabschiede, fragt Sepp: »Läufst du noch?« Ich: »Ja! Morgen fahre ich nach Brugg in der Schweiz zu einem 24-Stunden-Lauf!« Sepp und seine Frau: »Du bist verrückt!« Beide wünschen mir viel Erfolg. Später denke ich: »Wenn der Sepp mit dem Laufen nicht zu früh aufgehört hätte, so könnte er heute noch laufen. Sein Lebenslauf wäre ein laufender Lebenslauf geblieben.«

Wer mit dem Laufen beginnt und nicht laufend läuft,
für den kann es gelaufen sein.

Die 24 Stunden von Brugg/Ch 2011

Zwei Wochen vor diesem meinem letzten großen Lauf des Jahres starte ich, um meine Form, so wie bereits viele Jahre vorher, bei den sechs Stunden von Weißenstadt/Fichtelgebirge zu überprüfen. Während der ersten der Runden um den Weißenstädter See bin ich für meine Verhältnisse überraschend schnell unterwegs. Bereits nach der Hälfte der mir zur Verfügung stehenden Laufzeit steigen die Temperaturen für diese Jahreszeit ungewöhnlich an. Ich erkenne an mir: »Du bekommst einen roten Kopf!« Mein roter Kopf und der damit verbundene Schwächeanfall zwingen mich einen Gang zurückzuschalten. Ich sehe eine Läuferin und einen Läufer auf einer Bank sitzen. Beide beenden ihren Lauf vorzeitig. Der Gedanke an ein Aufgeben kommt mir nicht in den Sinn. An ein Aufgeben zu denken, habe ich schon lange aus meinem Bewusstsein entfernt. Am Ende bewältige ich statt der vorher geschätzten 40 nur 38,7 km. Nach dem Schlusssignal hat jeder Läufer mit einer Kreide für die genaue Vermessung seiner Leistung einen Querstrich und seine Startnummer auf den Belag der Laufstrecke zu schreiben. Auf der Parkbank links von mir sehe ich eine schöne, vornehm auf mich wirkende, schlanke Frau mit langen, dunklen Haaren. Sie erhebt sich Beifall klatschend und ruft Bravo. Ich bitte sie um Hilfe. Auch sie zeichnet für mich mit ihrer eleganten Handschrift die Markierung auf den Asphalt. Ich sage vielen Dank. »Ich war mir nicht ganz sicher, ob ich nach dem Markieren wieder auf die Beine gekommen wäre.« Die Frau fragt mich nach dem Alter. Sie ist erstaunt über mich! Ich sage zu ihr entschuldigend: »Wenn ein alter Mann seine Aktivitäten, die er sein ganzes Leben lang betrieben hat, aufgibt, dann ist er seinem Lebensende schon sehr nahe!« Sie sagt dazu: »Das gilt nicht nur für Männer, sondern auch für Frauen!« Ich: »Entschuldigung! Ich meinte natürlich für alle

Menschen.« Die Frau aus Bischofswiesen wünscht mir noch viele schöne Läufe. Ich wünsche ihr das Beste auf jedem ihrer Lebenswege. Bevor ich in die Duschkabine steige, drohe ich das Gleichgewicht zu verlieren. Ich lege mich auf meine auf dem gefliesten Boden ausgebreitete Kleidung. Ein etwa fünfzigjähriger Läufer fragt mich nach dem Alter. Er sagt zu mir:»Wenn ich einmal so alt bin wie du, werde ich bestimmt nicht mehr laufen!« Ich sage ihm, um ihn nicht zu schockieren, nicht, was ich denke. Ich denke:»Das Gleiche wie du sagte schon einmal ein jüngerer Läufer zu mir. Nur ein einziges Jahr später war er nicht mehr am Leben!« Mit meiner gewohnten Gewissheit, den Lauf zu beenden, fahre ich, so wie zu allen meinen langen Läufen, mit meiner inneren Vorfreude nach Brugg. So gut ich mich bewegen kann und so viel an Zeit der 24 Stunden ich auf der Laufstrecke verbringen kann, so viel will ich für das beste, mir mögliche Ergebnis nutzen. Vor dem Start fragt mich ein Redakteur:»Glauben Sie, dass Sie es schaffen?« Meine Antwort:»Ich glaube es nicht nur! Ich weiß es! Glauben heißt nichts wissen!« Er wirkt auf mich erstaunt und fragt nach:»Wie viele Kilometer wollen Sie laufen?« Meine Antwort:»Mein Ziel ist es, nach einer langwierigen und noch immer nicht vollständig ausgeheilten Verletzung die 100-km-Marke zu überschreiten! Wenn ich die 100 km überschreite, ist es gut. Wenn ich sie nicht erreiche, ist es auch gut.« Er macht ein Foto von mir und sagt dazu:»Nach dem Lauf mache ich wieder ein Foto von Ihnen. Ich will vergleichen, wie sich Ihr Aussehen nach 24 Stunden verändert hat!« Ich frage ihn:»Was sollte sich in 24 Stunden an meinem Aussehen verändern?« Lächelnd winke ich ihm, mit meinem nackten Oberkörper in der Mittagssonne laufend, kurz vor dem Ende grüßend zu. Am Ende werden 105,184 km für mich gemessen. Wie immer ist es mir während meines Laufes nicht eine einzige Sekunde langweilig. Ich gehöre dazu. Ich bin ein kleiner Teil des Laufes. Der erfahrene Schweizer Spitzenläufer Christian Fatton beginnt seinen Lauf mit dem ihm eigenen gewohnten, flotten Tempo. Unbeirrt dreht er, von seiner Frau Julia Alter betreut, rund um die Uhr Runde um Runde. Die 24 Stunden gehen auch an Christian nicht spurlos vorüber. Mit beachtlichen 222 km wird er auch in diesem Jahr der Sieger von Brugg. Bei den

Frauen setzt sich von Beginn an eine kleine, leichtfüßig, wie schwerelos laufende Frau aus Russland an die Spitze. Locker, fröhlich und manchmal sogar singend bewältigt Irina Koval am Ende phantastische 204 km. Die beiden alten Kämpfer Franz Schullitsch und Marti Suter beenden, so wie von ihnen gewohnt, auch diesen Lauf. In beiden ist der unerschütterliche Wille, alles, was sie beginnen, auch zu vollenden! Einer meiner langjährigen Weggefährten ist auch Stefan Wäschle. Stefan kann stolz auf seinen Sohn sein. Adrian sehe ich zum ersten Mal bei einem Lauf. Adrian überschreitet die 100-km-Marke. Zu Stefan sage ich: »Ich gratuliere dir zu deinem Sohn. Er hat seine Gene von dir geerbt!« Stefan sagt dazu: »Das glaube ich auch. Meiner Frau ist das nicht so ganz recht.« Die eleganteste und attraktivste aller Läuferinnen ist für mich die Farbige Juana Vasella. Ihr Vater ist aus Cuba und ihre Mutter ist Schweizerin. Juana würde auch als ein Mannequin auf dem Laufsteg eine gute Figur abgeben. Sie hat sich jedoch nicht für den glitzernden Laufsteg, sondern für den rauen Asphalt des 24-Stunden-Laufes entschieden. Mit ihrem Lauf der Lebensfreude erreicht sie 176 km. Monika Kaufmann macht mir gegenüber eine liebevolle Aussage: »Leo! Wir vermissten dich in diesem Jahr in Basel. Wir dachten schon, dass es dir nicht gut geht.« Ich erkläre Monika: »Wegen einer Verletzung konnte ich nicht kommen.« Monika erreicht mit ihrer abgeklärten inneren Ruhe am Ende 141 km. Nach der Hälfte der Laufzeit kommen zu den 31 der 24-Stunden-Läufer noch die 12-Stunden-Läufer dazu. Einer von ihnen ist Simon Schmid. Sobald wir uns erblicken, begrüßen wir uns als altbekannte Lauffreunde. Ich mustere Simon. Er ist nicht mehr der Simon den ich kenne. Mit seinem nun kurzen Haarschnitt sowie seinen sich markant entwickelten Gesichtszügen und seiner noch schlankeren Figur wirkt er auf mich wie ein erwachsen gewordener Mann. Diese Erkenntnis bestätigt er bei seinem Lauf.

Simon läuft vom Beginn bis zum Ende ein auch mir als unglaublich erscheinendes Tempo. Ohne auch nur eine einzige Pause läuft Simon, in nur 12 Stunden 134 km. Als ich Simon gratuliere, sage ich zu ihm: »Heute habe ich den besten Simon aller Zeiten gesehen!«

Das große Glück des kleinen Mannes

Der kleine Mann läuft gen Norden:
»Kalter Wind bläst ihm entgegen!«
Der kleine Mann läuft gen Westen:
»Regen prasselt auf ihn nieder!«
Der kleine Mann läuft gen Süden:
»Sonnenlicht strahlt ihm entgegen!«
Der kleine Mann läuft gen Osten:
»Er läuft im Gleichklang mit seinem Schatten!«
Der kleine Mann blick zum Himmel:
»Ein Regenbogen zeigt ihm das Tor der Glückseligkeit!«

Aktelle Nachrichten 2011

Bayerntext, Tafel 136 vom 15.01.2011
Transparenci International/TI hat die bayerischen Verhaltensregeln kritisiert.

Während es für Richter, Polizisten und sogar Müllmänner strenge Vorgaben gebe, könne jedem Landespolitiker ein Sack voll Geld hingestellt werden, ohne dass von Bestechung gesprochen werde, bemängelte TI-Vorstand Bäumel im BR.

Zuwendungen müssen erst ab 10.000 Euro pro Jahr veröffentlicht werden.
n-tv-Text, Tafel 115 vom 26.01.2011
Mit gezielten Einsparungen und Stärkung von Zukunftsbranchen will US-Präsident Obama sein Land dauerhaft aus der Krise führen. In seiner Rede zur Lage der Nation kündigte Obama eine Begrenzung der Staatsausgaben und Investitionen in Forschung und Bildung an.

Damit sollen auf lange Sicht Beschäftigung gesichert und die Vormachtstellung der weltgrößten Volkswirtschaft gegenüber aufstrebenden Ländern wie China und Indien verteidigt werden. Obama warb zudem für eine Politik der Mitte in den USA.
n-tv-Text, Tafel 131 vom 23.02.2011
Nach drei Tagen fast ununterbrochenen Computerspielens ist ein Chinese ins Koma gefallen und nicht mehr aufgewacht. Der etwa 30 Jahre alte Mann sei nach dem Spiele-Marathon in einem Internetcafé nahe Peking gestorben, meldet die Tageszeitung »Bejing Times«.

Er hatte den Platz am Computer demnach drei Tage und drei Nächte kaum verlassen, nicht geschlafen und so gut wie nichts gegessen. In einem Monat hatte er umgerechnet mehr als 1100 Euro für Computerspiele ausgegeben. 33 Millionen Chinesen sollen spielsüchtig sein.

n-tv-Text, Tafel 122 vom 23.03.2011

Trotz öffentlicher Kritik hat die US-Atomenergiebehörde (NRC) die Lizenz für ein fast 40 Jahre altes, unfallträchtiges Atomkraftwerk verlängert. Die Anlage im US-Bundesstaat Vermont dürfe weitere 20 Jahre in Betrieb bleiben, entschied die Behörde. Örtliche Politiker und Kernkraftgegner zeigten sich besorgt. Das Atomkraftwerk Yankee hat ähnliche Baupläne wie das beschädigte Krisen-AKW im japanischen Fukushima.

In den vergangenen Jahren gab es in dem Kernkraftwerk immer wieder Zwischenfälle.

n-tv-Text, Tafel 115 vom 02.05.2011

Osama Bin Laden, der meistgesuchte Terrorist der Welt, ist tot. Das sagte US-Präsident Obama in einer Fernsehansprache in Washington. Eine US-Spezialeinheit habe den Al-Kaida-Chef bei einem Gefecht getötet. Demnach kam Bin Laden in seinem Versteck nahe der pakistanischen Hauptstadt Islamabad ums Leben. Seine Leiche befindet sich in den Händen der Amerikaner. »Der Gerechtigkeit ist Genüge getan«, sagte Obama.

Vor dem Weißen Haus versammelte sich eine jubelnde Menschenmenge.

ARD, Text P121 vom 04.05.2011

Die US-Regierung hat zentrale Angaben zum Ablauf der Kommandoaktion zur Tötung von Al-Kaida-Chef Bin Laden korrigiert. Bin Laden sei bei seiner Tötung durch US-Elitesoldaten unbewaffnet gewesen. Allerdings habe Bin Laden Widerstand geleistet, sagte der Sprecher des Weißen Hauses Carney. Die Entscheidung, Bin Laden zu töten, sei in Bruchteilen von Sekunden gefallen, nachdem er drohende Bewegungen gemacht habe, sagte der CIA-Chef Panetta. Deshalb sei geschossen worden.

n-tv-Text, Tafel 119 vom 08.09.2011

Schröder verteidigt Afghanistan-Einsatz. Zehn Jahre nach den Terroranschlägen vom 11. September 2011 hat Altkanzler Gerhard Schröder die unter seiner Führung getroffene Entscheidung für den Bundeswehreinsatz in Afghanistan verteidigt. »Es war eine notwendige Entscheidung. Ich würde das auch aus heutiger Sicht nicht anders beurteilen«, sagte er den »Ruhr Nachrichten«. »Wenn Deutschland an dieser Stelle eine andere

Position eingenommen hätte, wäre das deutsch-amerikanische Verhältnis zerrüttet gewesen – und das zu Recht.« So der Altkanzler.

SAT 1-Text, Tafel 502 vom 17.10.2011

Tipps: Kurze Tage und nasskaltes Wetter – Schmuddelwetter – der Herbst schlägt nicht nur auf die Stimmung – auch die Abwehrkräfte des Körpers werden stark beansprucht. Vor allem Bewegung an der frischen Luft tut dem Immunsystem gut. »Sport und Spaziergänge regen die Durchblutung an und bringen den Kreislauf in Schwung«, sagt Heiko Zissner, Heilpraktiker in Berlin. Er rät zu Ausdauersportarten wie Joggen, Schwimmen und Radfahren. Trotz Regen und Wind sollte man sich viel draußen bewegen.

Erkenntnisse über Menschen

Die Lebensläufe der Menschen verlaufen nicht nur eben, ohne Widerstände, auf geraden Straßen, ohne Kurven, Hindernisse, Baustellen, Umleitungen, Sackgassen, Verirrungen und auch Unfällen geradeaus. Ein Lebenslauf ohne Höhen und Tiefen wäre ein trostloser und langweiliger Lauf, ohne die Würze der Herausforderungen und ohne unvorhersehbare Überraschungen. Eine solche Art von Lebenslauf erscheint mir als uninteressant und nicht besonders lebenswert! Der Lebenslauf des Menschen sollte nach meiner Sichtweise vom Beginn an bis zu seinem Ende spannend bleiben. Der Mensch besitzt, sobald Schwierigkeiten auf ihn zukommen, stets zwei Möglichkeiten: Er kann aufgeben oder überwinden. Ein Mensch, der einmal aufgibt, und dies ist vom Sport auch auf alle anderen Bereiche des Lebens übertragbar, läuft Gefahr, bei weiterer Widerständen, die sich ihm in den Weg stellen, immer wieder aufzugeben. Durch dieses ständige Aufgeben wird er zu einem erfolglosen Versager. Die Anzahl der erfolglosen Versager sehe ich in der jetzigen Zeit ständig im Ansteigen. Der Menschentyp des Versagers ist nicht nur in der sozial schwachen Bevölkerungsschicht, sondern, im Besonderen, in den sich für gehoben gehaltenen Stellungen der Wirtschaft und vor allem in der Politik weit verbreitet. Diese Menschen können sich durch ihr gespieltes sicheres Auftreten, ihre Herkunft, Redegewandtheit, Statussymbole, Vermögen, Beziehungen, Titel und durch ihre Macht gut tarnen. Sie grenzen sich nicht nur aus Arroganz, sondern auch aus Angst, erkannt zu werden, von für sie als gewöhnlich geltenden Menschen, auf die sie von oben herabblicken, so gut sie können ab. Diese Typen versuchen laufend, sich mit noch schwächeren, ihnen als abhängig, ungefährlich und dadurch als für sie nicht bedrohlich erscheinenden Menschen zu umgeben. Von ihrem ausgewählten oder für sie ausgesuchten Umfeld erwarten sie absolute Loyalität, Anerkennung und Bewunderung. Sobald sie sich jedoch von einem Menschen erkannt und damit entblößt fühlen, wird dieser Mensch für sie zu einem Feind. Viele selbstbewusste Menschen erkennen es: »Diese feinen Herren oder diese vornehmen Damen sind nichts als substanzlose Blender, Angeber, Aufschneider und Schaumschläger!« Auch diese erkennenden Menschen besitzen zwei Möglichkeiten: »Sie können die Blender bewundern oder ablehnen!« Der Mensch ist sich jedoch durch seine Schutzmechanismen bewusst: »Wenn ich dem oder der zu erkennen gebe, was ich von ihm oder ihr halte, verliere ich Vorteile, auf die ich nicht verzichten möchte!« Er denkt: »Es ist für mich, zumindest vorerst, besser, zum Schein zu buckeln als gerade zu stehen!« Viele Menschen halten sich ihr Leben lang für gezwungen, ein Beifall klatschender Bückling zu bleiben. Sie besitzen zu wenig Selbstbewusstsein, um sich eine eigene Meinung zu bilden! Ohne eine eigene Meinung lässt es sich bequem leben! Wer keine eigene Meinung hat, der braucht sie auch nicht vertreten! Er passt sie, ganz einfach, stets, so wie die Fahne im Wind, der für ihn günstigsten Windrichtung an! Er pinkelt nicht gegen den Wind! Seine Hose bleibt trocken! Die Menschengruppe der Bücklinge kann sich niemals zu über sich selbst bestimmenden, freien Menschen entwickeln! Sie sind manipulierbare, fremdbestimmte, pflegeleichte, austauschbare und abhängige Figuren! Nach diesen für ungefährlich gehaltenen Figuren besteht eine große Nachfrage! Bücklinge wollen durch ihre höfliche, in Öl getränkte Art einen guten Eindruck erwecken, sich dadurch Vorteile verschaffen, um nach oben zu kommen. Sie wirken stets für die über ihnen Stehenden als vertrauensvoll, nützlich, bequem, loyal, ungefährlich und unentbehrlich. Ihr wahres Gesicht zeigen sie, sobald sie es nicht mehr verbergen müssen! Ihren durch ihre Selbstverleugnung aufgestauten Frust reagieren sie bei unter ihnen Stehenden, ihrer Familie, aber auch durch Exzesse aller Art ab. Sobald sie allerdings von ihrem Gönner fallen gelassen werden, laufen sie Gefahr, in ein dunkles Loch des Nichts zu stürzen. Aus diesem Grund sammeln schlaue Bücklinge belastendes Material über die dunklen Seiten und Schwachpunkte ihrer Gönner. Mit diesem

Material in den Händen können sie dann, sobald der richtige Zeitpunkt gekommen ist, ihre Gönner erpressen und ihrerseits die Macht über sie gewinnen. Mit der gewonnenen Macht ist es für sie dann ein leichtes Spiel, selbst zum Gönner aufzusteigen, und den bisherigen Gönner, schleichend, zu einem Bückling erniedrigen. Der nun zu einem Bückling erniedrigte bisherige Gönner kann danach, auch bei Bedarf, als Dekoration, zum Schein, als eine Art von Frühstücksdirektor, solange er noch nützlich ist, in den Vordergrund gestellt werden. Der neue Gönner kann jetzt im Hintergrund bleiben und unbehelligt sowohl seine eigenen als auch die Interessen seiner hinter ihm stehenden Freunde und Kapitalgeber verfolgen. »Beobachte laufend die Menschen in allen deinen Lebensbereichen, erkenne sie und hüte dich nach dem Erkennen vor arroganten, überfreundlichen, schleimigen, hinterhältigen, falschen und nicht wahrhaften Erscheinungen!«

Menschen, die sich für wichtig halten, sind unwichtig!
Menschen, die sich für unwichtig halten, sind wichtig!
Menschen, die sich in den Vordergrund stellen,
werden von Blinden beachtet!
Menschen, die im Hintergrund bleiben,
werden von Sehenden beachtet!

Otto und Heinrich Nr. 3

Otto: Was ist ein Frühstücksdirektor?

Heinrich: Dieser Herr erscheint im Auftrag der Firmenleitung zu einem gemeinsamen Frühstück mit der Belegschaft!

Otto: Was macht er da?

Heinrich: Er spricht den Mitarbeitern, im Auftrag der Eigentümer, für ihre Firmentreue und ihre Leistungen seine Anerkennung aus und fügt hinzu: »Ich bin stolz auf euch!«

Otto: Ist das alles?

Heinrich: Die Mitarbeiter werden auf Kosten der Firma fürstlich nicht nur mit Speisen, sondern auch mit Alkohol bewirtet!

Otto: Kommt noch etwas nach?

Heinrich: Er sagt noch, bevor er eilig verschwindet: »Ihr bekommt alle ein Geschenk!«

Otto: Welches Geschenk?

Heinrich: Eine Abfindung!

Otto: Wieso bekommen die Mitarbeiter eine Abfindung als Geschenk?

Heinrich: Weil sie alle entlassen werden!

Lebenslauffallen

Mit diesem Beitrag will ich Ihnen, liebe Leser, helfen, Fallen rechtzeitig zu erkennen, sie zu umgehen und zu lernen, nicht immer wieder auf ein Neues in die gleiche Falle zu treten. Für den Lebenslauf des Menschen sind viele hinterhältige, oft nicht sofort erkennbare Fallen bereitgestellt. Diese Fallen unterscheiden sich in solche, denen sich der Mensch entziehen kann, aber leider auch in solche, denen er sich nicht entziehen kann. Ein unschuldiges Kind, welches bereits bei seiner Zeugung in eine Falle gerät oder neun Monate später, nach seiner Geburt, in einer Falle sitzt, kann dies noch nicht verhindern. In seiner ersten Falle sitzt es, wenn es nach seiner Geburt schlechten Lebensbedingungen ausgeliefert ist. Es ist jedoch noch lange nicht sicher, ob gute oder schlechte Lebensbedingungen für sein gesamtes Leben gut oder schlecht sind. Wenn Kinder reicher Eltern nach ihrer Geburt bereits alles, was sie benötigen, vorfinden, so ist dies, weil sie nichts anderes kennen, für sie selbstverständlich. Sie lernen nicht zu jagen. Die Beute liegt bereits vor ihnen, auf dem gedeckten Tisch! Wer an einem gedeckten Tisch sitzt, der fragt nicht, wo das Gedeckte herkommt. Im Verlauf aller Lebensläufe kann sich vieles verändern. Nach jeder der Veränderungen ist oft nichts mehr so, wie es vorher einmal war. Alles ist im Wandel! Wenn eines Tages die Eltern nicht mehr leben, kann es für sie schwierig werden, ihr weiteres Leben zu meistern. Sie haben es nicht gelernt, auf eigenen Beinen zu stehen! Sie stehen dieser Situation hilflos, wie ein Ochse vor einem verschlossenen Scheunentor, gegenüber. Sie gleichen einem Autofahrer, der während einer Bergabfahrt das Bremspedal nicht finden kann. Kinder von armen Eltern sind dagegen nicht so häufig verweichlicht wie Kinder reicher Eltern! Sie wachsen von Anfang an mit der Härte des Lebens auf! Für sie ist nichts selbstverständlich! Sie lernen das Jagen nach Beute, weil sie ohne Beute nicht überleben könnten! Sie sind aus dem Stoff, der siegreiche Kämpfer hervorbringt! Siegreiche Kämpfer arbeiten sich, ohne jemals aufzugeben, aus kleinsten Verhältnissen nach oben! Sie erlernen auch die Mechanismen, sich aus jeder Falle ohne fremde Hilfe zu befreien. Wegen dieser Selbsterfahrung der armen Kinder bedaure ich die Kinder reicher Eltern mehr als die Kinder armer Leute. Die Kinder reicher Eltern können somit auch in Fallen, aus denen es für sie kein Entrinnen gibt oder sie für ein Entrinnen zu schwach sind, hineingeboren werden. Ob ein Kind als ein Kind reicher Eltern oder als ein armer Leute Kind in die Welt hineingeboren wird, halte ich für seine persönliche Entwicklung für wichtig. Für noch wichtiger erachte ich es jedoch, ob ein Kind von seinen Eltern erwünscht oder unerwünscht ist. Erwünschte Kinder werden von ihren Eltern mit Liebe erwartet. Unerwünschte Kinder werden bereits vor ihrer Geburt abgelehnt. Abgelehnte und damit ungeliebte Kinder befinden sich bereits vor, während und nach ihrer Geburt in einer sie, für ihren gesamten Lebenslauf schädigenden Lebenslauffalle. Für ein ungeliebtes Kind ist es schwierig, in seinem späteren Leben selbst Liebe zu schenken. Es kann nicht schenken, was es nicht kennt! Liebe Eltern! Leben Sie in dem Bewusstsein: Kinder sind Geschenke des Himmels! Nehmen Sie Ihre Himmelsgeschenke mit tiefer Dankbarkeit an! Erweisen Sie sich Ihrem Himmelsgeschenk gegenüber als würdige Eltern! Ohne fremde Hilfe können Kinder nicht überleben! Ohne Liebe können Kinder nicht gedeihen! Bemühen Sie sich, Vorbilder für Ihre Kinder zu sein! Geben Sie Ihren Kindern Hilfestellung, aber nur so lange, bis sie auf eigenen Füßen stehen können und danach ihr Leben, ohne fremde Hilfe, selbstständig meistern können! Erziehen Sie Ihre Kinder zur Eigenverantwortung! Fördern und wecken Sie ihre Talente, ihre positiven Neigungen, wie Sport, Musik und jede Art von Kunst! Vermeiden Sie es, sich in Ihren Kindern selbst verwirklichen zu wollen, sondern lassen Sie Ihre Kinder sich selbst verwirklichen! Machen Sie aus ihnen keine Affenkinder und auch keine heiligen Kühe, sondern lebenstaugliche Menschen. Bedenken Sie: Eltern, die ihre Kinder nicht erziehen, sondern verziehen, schädigen sie für ihren gesamten Lebenslauf! Helfen

Sie nur dann, wenn Ihre Hilfe benötigt wird! Lassen Sie Ihren Kindern Freiraum! Sie sollen sich, ihrer Persönlichkeit entsprechend, selbst entfalten können! Erfüllen Sie Ihren Kindern nicht alle Wünsche! Schenken Sie ihnen Lob und Anerkennung, aber nur dann, wenn dies angebracht ist! Nehmen Sie Ihre Kinder so an, wie sie sind! Bedrängen Sie Ihre Kinder nicht, Dinge zu tun, die sie selbst nicht tun wollen! Erziehen Sie Ihre Kinder zur Sparsamkeit! Bemühen Sie sich auch, zu vermeiden, dass Ihre Kinder durch Ihr eigenes Verhalten und Ihre schlechten Gewohnheiten in Erziehungsfallen geraten!«

Erziehungsfallen

Je mehr ich mich darum bemühe, über Erziehungsfallen etwas zu schreiben, desto weniger fällt mir ein. Ich denke dazu: »Einer wie ich, der bei der Erziehung seiner einzigen Tochter versagte, sollte es unterlassen, anderen Menschen bei der Vermeidung von Erziehungsfallen helfen zu wollen.« Was ich zu diesem Thema sagen kann, ist nicht viel: »Alle Kinder dieser Welt sollten nicht nur ihre Kindheit, sondern auch ihre Jugendjahre unbeschwert erleben können!« An diese sie für ihren weiteren Lebenslauf prägenden Lebensjahre sollten sie, solange sie leben, mit Freude zurückdenken können. Für Kinder sind die Eltern oder Erzieher die ersten Bezugspersonen ihres Lebens. Ihre Bezugspersonen sollten ihnen die Geborgenheit und das Urvertrauen für eine ungestörte Entwicklung auf dem gesamten Lebensweg geben. Kinder sehen in ihren Bezugspersonen Vorbilder, denen sie nacheifern. Kinder wollen so werden wie ihre Vorbilder. Wenn jedoch die Vorbilder der Kinder nicht als Vorbilder der menschlichen Gesellschaft zu betrachten sind, ist es dem Kind noch nicht möglich, dies zu erkennen. Wenn das Verhalten seiner Eltern arbeitsscheu, ungepflegt, verkommen oder sogar kriminell ist, so übernimmt das Kind ohne ein Unrechtsbewusstsein die schlechten Lebensgewohnheiten seiner Vorbilder. Zu diesen Lebensgewohnheiten zähle ich auch eine falsche, gesundheitsschädigende Ernährung, Alkoholmissbrauch und im Besonderen die Ehekonflikte seiner Eltern. In einem gestörten Umfeld ist es für Kinder schwierig, ihre Kindheit unbeschwert zu erleben. Kinder sitzen dadurch unverschuldet in einer der verhängnisvollsten Lebenslauffallen. Aus dieser Falle können sie sich erst dann befreien, wenn sie durch ihre Ausbildung einen Beruf erlernt und durch ihr eigenes Einkommen ihre Unabhängigkeit erlangen. Den Zeitraum zwischen der Abhängigkeit und dem Unabhängigwerden halte ich für eine schwierige Lebenslaufphase. Junge Menschen, die diese Phase unbeschadet meistern, verdienen von ihrer Umwelt eine hohe Anerkennung. Über sie kann gesagt werden: »Er hatte schlechte Voraussetzungen. Trotzdem ist aus ihm etwas geworden!« Menschen, die aus den Tiefen des Lebens emporsteigen, halten sich leichter auf den Höhen als Menschen, denen die Tiefen nicht bekannt sind. Sie wissen, was wohl und wehe ist! Nachdem sich das Kind zu einem Jugendlichen weiterentwickelt hat, treten neben den bisherigen weitere Bezugspersonen in sein Leben. Die erste dieser neuen Bezugspersonen ist in der Regel, neben Freunden und Kollegen, die erste Liebe. Die erste Liebe ist nicht bei allen Menschen eine Liebe für das ganze Leben. Das Ende der ersten Liebe löst oft den ersten schmerzhaften Liebeskummer aus. Der erste Liebeskummer ist für viele Menschen schmerzhaft. Er sollte jedoch niemals in eine Falle führen. In eine Falle kann er führen, wenn der Mensch sich nach einiger Zeit der Neuorientierung nicht wieder neu und danach immer wieder auf ein Neues frisch verlieben kann. Die Intensität der Liebe und den damit verknüpften Sexualtrieb halte ich für die wichtigste aller Antriebskräfte für die positive Entwicklung, die Lebensgestaltung und den Lebenserfolg des Menschen. Menschen mit starken Antriebskräften entwickeln Mut, Unternehmungsgeist, Forscherdrang, Selbstbewusstsein, Furchtlosigkeit, Risikobereitschaft und Lust auf Abenteuer aller Art. Sie sind aus dem Holz erfolgreicher Persönlichkeiten geschnitzt. Dagegen werden Menschen mit einer geringen Liebesfähigkeit und einem schwachen Sexualtrieb zu Versagern. Viele Versager sind mit ihrem Leben trotzdem zufrieden. Sie führen ein Leben auf Sparflamme.

Die Schuldenfalle

Für eine hinterhältige Lebenslauffalle halte ich die heimtückische Schuldenfalle. Nicht nur die Entwicklungsländer, sondern auch die Industrienationen geben ständig mehr Geld aus als sie einnehmen. Die Schuldentürme wachsen galoppierend, mit einer immer schnelleren Geschwindigkeit, in schwindelerregende Höhen. Sie steigen, bis sie eines Tages ohne Vorwarnung einstürzen und die Ersparnisse der Bürger mit in die Tiefe reißen. Der Einsturz, der einen wirtschaftlichen Zusammenbruch nach sich zieht, wird dann, wie gewohnt, von den verantwortungsvollen Politikern als eine unvorhersehbare Krise dargestellt. Die Bürger werden anschließend, auch wie gewohnt, über die Ursachen belogen. Wenn die Bürger lange genug immer wieder die gleichen Lügen hören, und die Lügen ständig von den Medien wiederholt werden, dann halten sie diesen Betrug, weil sie selbst nicht denkfähig sind, für die Wahrheit. Die Schuldenmacher werden niemals zur Verantwortung gezogen. Sie decken sich gegenseitig. Für den Einzelnen ist die Schuldenfalle jedoch etwas ganz anderes als für den Staat. Er muss für seine Schulden selbst geradestehen. Aus diesem Grund sollte der Einzelne sich niemals an dem Verhalten des Staates orientieren. Für die Schulden des Staates sind die Bürger verantwortlich. Für die Schulden der Bürger sind die Bürger ebenso verantwortlich. Darum, liebe Leser, vermeiden Sie es, etwas zu kaufen, wenn Sie sich nicht ganz sicher sind, ob Sie es auch bezahlen können. Lassen Sie sich bei finanziellen Entscheidungen niemals unter Zeitdruck setzen. Lassen Sie sich auch niemals von gerissenen, ihnen vertrauensvoll erscheinenden Geldverleihern verleiten, Kredite, die für Sie nicht überschaubar sind, aufzunehmen. Kaufen Sie auch niemals Dinge, die Sie nicht benötigen. Bedenken Sie: »Wer Dinge kauft, die er nicht benötigt, der muss eines Tages Dinge, die er dringend benötigt, verkaufen!« Seien Sie auch achtsam: An jeder Straßenecke oder in einem exklusiven Büro kann ein hinterhältiger Halunke, als Tarnung in einen schwarzen Nadelstreifenanzug gekleidet, mit einem teuren Siegelring am Finger, einer Rolex am Handgelenk und einer beeindruckenden, mit einer auf Kredit gekauften Luxuslimousine, auf Sie als seine Beute lauern. Werden Sie nicht seine Beute. Wenn er sagt: »Ich will nur Ihr Bestes«, dann will er nur Ihr Geld! Halten Sie Ihre Taschen verschlossen!

Beispiel einer Schuldenfalle

Ein junges Paar träumt vom eigenen Haus. In ihren Träumen sehen sie ihr eigenes Haus bereits vor sich. Damit dieser Lebenstraum auch in Erfüllung geht, arbeiten beide zielbewusst auf ihr Ziel hin. Sei leisten sich weder Luxusgüter noch einen Urlaub. Nach zehn Jahren der Entbehrungen ist es endlich so weit. Sie haben 100.000 Euro angespart. Mit diesem Geld in den Händen beginnen nun beide zu planen. Von dem Geldinstitut ihres Vertrauens lassen sie sich beraten. Sie bekommen zu ihrem angesparten Eigenkapital noch ein günstiges, festverzinsliches Hypothekendarlehen von 200.000 Euro. Beide denken: »Mit 300.000 Euro in den Händen lässt sich etwas anfangen.« Nachdem das Traumhaus fertiggestellt ist, haben sich die Baukosten, und da steckt System dahinter, von den geplanten 300.000 Euro auf 400.000 Euro erhöht. Für die 100.000 an Mehrkosten müssen beide einen für die Bank besonders gewinnbringenden Zwischenkredit aufnehmen. Die Rückzahlung des gesamten, bereits nicht mehr überschaubaren Finanzierungsmodells läuft bis zum sechzigsten Lebensjahr der stolzen Hausbesitzer. Mit des Geschickes Mächten ist bekanntlich kein ewiger Bund zu flechten. Nach dem Kauf sind noch keine zehn Jahre vergangen. Der Kapitalmarkt hat sich verändert. Die Bank des Vertrauens schreibt höflich: »Wir sind leider gezwungen, die Kreditzinsen zu erhöhen.« Die monatlichen Belastungen der Schuldner überschreiten die Schmerzgrenze. Der Tilgungsplan kann nicht mehr eingehalten werden. Für die rückständigen Raten werden horrende Verzugszinsen berechnet. An eine Tilgung ist jetzt nicht mehr zu denken. Die Schuldenlawine beginnt zu rollen! Von der Bank ihres Vertrauens erhalten sie jetzt blaue Briefe. Bei den blauen Briefen handelt es sich um kostenpflichtige Mahnungen. Die anfangs noch freundlich verfassten blauen Briefe werden von

Brief zu Brief bedrohlicher. Es kommt, was nicht mehr abzuwenden ist. Das Haus wird zu einem Preis von 100.000 Euro an den meistbietenden, mit der Bank in einer Geschäftsbeziehung stehenden Makler versteigert. Der feine Herr Makler hat bereits einen zahlungskräftigen Interessenten in der Hinterhand. Für 200.000 Euro verkauft er das Haus mit einem Gewinn von 100 % an den nächsten stolzen Hausbesitzer. Beide müssen jetzt mit ihrem fortgeschrittenen Lebensalter von bereits fünfzig Jahren ihr Traumhaus, das für sie zu einem Albtraum wurde, verlassen. Nach dem Verlassen kommt noch das dicke Ende. Weil sie den von Beginn an für sie unrealistischen Tilgungsplan nicht einhalten konnten, ist nach der Versteigerung noch lange nicht Schluss. Sie sitzen nach Abzug des Versteigerungserlöses, als Obdachlose, auf einem hochverzinslichen Schuldenberg von 200.000 Euro. Von dieser Belastung können sie sich, in ihrem restlichen Lebenslauf, nie wieder befreien. Sie sitzen in einer Lebenslauffalle, aus der es kein Entrinnen gibt. Die Folge ist: »Wo immer beide arbeiten und Geld verdienen wollen, werden sie unerbittlich von der Lohnpfändung verfolgt!« Diese verhängnisvolle Lebenslauffalle führt für viele zu einer dauerhaften Arbeitslosigkeit und dem Verlust ihrer Lebensfreude. Mit Schuldenfesseln an den Beinen kann der Mensch keine großen Sprünge machen!

Eigene Erfahrung

Nach einer Scheidung im Jahre 1974 erwerbe ich, nur für mich, weil ich für mich alleine in Ruhe leben will, ein Apartment mit Garage. Bereits zehn Jahre später bin ich schuldenfrei. Für den Rest meines Lebens könnte ich darin unbeschwert, in Ruhe und sorgenfrei leben. Es geht mir jedoch zu gut. Im Jahre 1985 gehe ich eine weitere Ehe ein. Meine neue Ehefrau besaß, mit ihrem vorherigen Mann, ein gemeinsames Haus. Zu Gunsten ihrer beiden Söhne verzichtete sie, auf meine Veranlassung, bei der Scheidung auf ihre gesetzlichen Ansprüche. Wir sind erst wenige Tage verheiratet, als sie von mir nachdrücklich fordert: »Wegen dir habe ich meinen

Mann verlassen und mein Haus aufgegeben! Du hast mir versprochen, wenn ich mich scheiden lasse und dich heirate, dann bekomme ich von dir ein neues Haus.« Nun sitze ich, ohne dass es mir sofort bewusst wird, in einer Falle! Sie will unbedingt das, was sie wegen mir verlor, wieder zurückhaben. Im benachbarten Gewerbepark von Regensburg ist von dem in Deutschland als renommiert geltenden Bauunternehmen Hochtief ein Streif-Fertighaus zur Besichtigung errichtet worden. Meine Frau schleppt mich zu einer Besichtigung in das Musterhaus. In einem Büro des Hauses sitzt auf einem Podium, hinter einem eindrucksvollen Schreibtisch, an einem mir damals noch fremden, suspekt erscheinenden Computer ein Diplom-Volkswirt. Meine »Holde« nötigt mich, Platz zu nehmen. Nach der Verkaufsberatung, von oben herab, wissen wir Bescheid. Das Haus kostet 350.000 DM. Die monatlichen Tilgungsraten betragen für die gesamte Laufzeit nur 920 DM. Diese Zahl muss stimmen. »Ein Computer lügt niemals«, sagt der unfehlbare Finanzierungsexperte. »Sie sehen es selbst auf dem Bildschirm«, spricht der Herr Diplom-Volkswirt Herr Reil und fügt gönnerhaft hinzu: »Dieses einmalige Angebot gilt nur für Sie, aber nur dann, wenn Sie sofort unterschreiben. Hier ist der fertige Kaufvertrag. Unterschreiben Sie beide! Morgen kann es schon zu spät für Sie sein.« In mir beginnen die Alarmglocken zu läuten. Weil ich mich weigere, die Unterschrift zu leisten, macht mir meine Frau auf dem Heimweg und später zu Hause eine lautstarke Szene. Um des lieben Friedens willen gehe ich am nächsten Tag noch einmal mit ihr hin. Ich stelle ihm die Frage: »Wie kommen Sie bei einem Kaufpreis von 350.000 DM auf eine Monatsrate von nur 920 DM.« Er antwortet nun nicht mehr freundlich, sondern gereizt: »Wenn Sie 80.000 DM Anzahlung leisten, einen erschlossenen Bauplatz besitzen, der Keller bis zu seiner Oberkante fertiggestellt ist und über ein jährliches Bruttoeinkommen von 200.000 DM verfügen, dann zahlen Sie nach Abzug der Steuervergünstigungen aus eigener Tasche nur noch 920 DM.« Ich frage spöttisch: »Woher wollen Sie denn wissen, ob mein Bruttoeinkommen 200.000 DM beträgt?« Er antwortet: »Das setze ich voraus. Mit weniger hätten Sie gar nicht zu kommen brauchen!« Auf dem Heimweg sagt meine Frau erleichtert: »Da haben wir aber noch einmal Glück gehabt!« Ich sage lachend dazu: »Der Kopf war noch nicht in der Schlinge!« Später denke ich darüber: »Dein Lebensalter von 46 Jahren und deine langjährige Berufserfahrung als Handelsvertreter haben dir geholfen, diese Falle rechtzeitig zu erkennen.« Als ein noch junger und unerfahrener Mensch wäre ich vermutlich blind in diese hinterhältige Falle hineingetreten.

Die Suchtfalle

Es fällt mir nicht nur schwer, sondern es erfordert von mir auch eine große Überwindung, über dieses von der Öffentlichkeit verdrängte, oft verschwiegene, jedoch zu allen Zeiten und auf der ganzen Welt aktuelle Tabuthema zu schreiben. Meine eigene Lebenserfahrung, die ich in meinem ersten Buch, um anderen Alkoholikern zu helfen, schonungslos offenbarte, will ich nicht wiederholen. Durch mein neues, nüchternes Leben wurde mein Lebenslauf nachhaltig verändert. Ohne diese Lebenserfahrung würde ich schon lange nicht mehr laufen. Ohne diese Lebenserfahrung hätte ich auch niemals die Fähigkeit zum Schreiben erlangt. Diese bittere Erfahrung und ihre Folgen führten mich auf einen guten Weg. Auf dem Weg der Nüchternheit zu bleiben, erkenne ich als meine Bestimmung! Wenn es mir mit diesem Beitrag gelingen sollte, auch nur einen einzigen Menschen vor dieser Falle zu bewahren oder sich aus ihr zu befreien, so glaube ich, war meine Mühe nicht vergebens. Ich will mich, so gut ich kann, bemühen, als ein neutraler Beobachter, so wie ich es sehe, emotionslos auf der Sachebene zu bleiben. Jedem in die Welt hineingeborenen Menschen wünsche ich, ohne Mithilfe, nicht nur von Genussmitteln, sondern auch von den sein Wesen verändernden Medikamenten, wie ein fliegender Schmetterling in der warmen Sommerluft, das Glück der Welt lebenswert zu genießen. Der Mensch ist leider mit der Leichtigkeit des Schmetterlings nicht vergleichbar. Er entwickelte und entdeckte für sich, im Verlauf seiner kurzen Menschheitsgeschichte, für das Genießen die verschiedensten Genussmittel. Genussmittel können für die Dauer ihrer Wirkung sein Wohlbefinden, seinen Mut, seine körperliche und geistige Leistungsstärke, seine Lebensfreude und sein Lebensglück nur kurzfristig manipulieren. Sobald jedoch die Wirkung der Genussmittel zu Ende geht, sind auch ihre damit verbundenen, ihm angenehm erscheinenden Folgen entschwunden. Viele Menschen können auf ihre beglückenden Genusserlebnisse im Verlauf der Zeit nicht mehr verzichten. Sie geraten nach der Gewöhnung in eine Abhängigkeit. Wegen der damit verbundenen schmerzhaften Entzugserscheinungen beginnen sie, sich nicht nur gelegentlich, sondern ständig mit ihrem Genussmittel, welches für sie zu einem unentbehrlichen Suchtstoff verkommt, zu versorgen. Von der Gewöhnung über den Missbrauch, über die Abhängigkeit zur Krankheit, ist es dann nur noch ein kleiner, sich lautlos anschleichender, verhängnisvoller Schritt. Von der Abhängigkeit führt der Weg, wenn der Mensch nicht umkehren kann, unaufhaltsam bergab. Das einstige Wohlbefinden verwandelt sich in ein Leiden. Dieses Leiden ist für ihn jetzt nur noch erträglich, wenn er sich nach dem Nachlassen der Wirkung durch seinen Suchtstoff erneut versorgen kann. Er sitzt in dieser Situation in einer Falle, aus der er sich ohne fremde Hilfe nur schwer befreien kann. In dieser Falle sitzend, verändert sich seine Persönlichkeit. Er ist nicht mehr der Mensch, der er war. Diese Veränderung kann er selbst nicht immer wahrnehmen. Auch dann, wenn er sie selbst erkennt, kann er die Energie für eine Selbstbefreiung verlieren. Er kann auch die Realität zur Wirklichkeit verlieren. Seine Welt verändert sich zu einer Scheinwelt. In dieser Scheinwelt angekommen, wird es immer schwieriger, sein Leben alleine zu meistern. Er kommt mit sich, seiner Umwelt und seinem Leben nicht mehr zurecht. Die Beschaffung des lebensnotwendigen Suchtstoffes wird zum einzigen Lebensinhalt. Alles in seinem Leben dreht sich nur noch um die Versorgung. Bei der Beschaffung kommen viele Abhängige mit dem Gesetz in Konflikt. Sie werden für Straftaten verurteilt, die sie nicht selbst, sondern ein fremder, sie in seinen Besitz genommener böser Geist verübte. Liebe gesunde Leser! Ich appelliere an Sie! Verurteilen und verachten Sie niemals Menschen, die in einer Suchtfalle sitzen, sondern beten Sie lieber für sie und bitten Sie Ihren Gott, dass er Sie selbst davor verschonen möge. Ein Suchtkranker ist kein Penner, sondern er ist, wie auch Sie, ein Kind Gottes. Nach meiner Auffassung und meinen

Beobachtungen halte ich es für unmöglich, zu ergründen, warum der eine Mensch in eine der verhängnisvollen und folgenschweren Lebenslauffallen gerät und der andere nicht. Dies ergründen zu wollen halte ich für eine reine Spekulation. Mit Spekulationen lässt sich weder etwas ergründen noch etwas begründen. Für den Menschen gibt es keine verbindlich geltenden Normen! Nach meinen Erfahrungen kann jeder Mensch, unabhängig von seiner Gesellschaftsschicht, seiner Bildung und seiner Herkunft, in eine Suchtfalle geraten. Vielen Menschen gelingt es selbst mit der Hilfe der Ärzte von Fachkliniken nicht, sich von diesem sie körperlich, geistig und seelisch vernichtenden Verhalten auf Dauer zu befreien. Sie werden bis zu ihrem bitteren Ende nach jedem ihrer Klinikaufenthalte wieder rückfällig. Sosehr sich ihre Helfer auch um sie bemühen, so sehr bleiben sie hilflos Helfer. Sie können nur die Sucht behandeln, aber nicht deren Ursache erkennen und beseitigen.

Die zwölf Schritte der Selbstbefreiung

Mit den zwölf Schritten will ich dich mit kurzen Worten auf dem Weg der Hoffnung, so wie ich ihn erkenne, führen. Für den Weg ist nicht nur Geduld, sondern auch Ausdauer und Durchhaltevermögen erforderlich. Wenn du noch nicht dazu bereit bist, so warte geduldig ab.

Deine innere Stimme wird zu dir, wenn der richtige Zeitpunkt für dich gekommen ist, sagen: »Komm! Gehen wir!« Vollziehe den nächsten Schritt erst dann, wenn du nach dem letzten Schritt die Mutter Erde unter deinen Füßen spüren und den Vater Himmel über dich fühlen kannst. Wenn du auf dem Weg Rückfälle erleidest, so bleibe nicht liegen, sondern erhebe dich, ohne fremde Hilfe, unverzagt immer wieder auf ein Neues und bleibe unbeirrbar auf dem Weg. Kontrolliere laufend deine Fortschritte. Gleite niemals von der einen Abhängigkeit in eine andere Abhängigkeit ab. Eine Suchtverlagerung ist es, wenn sich ein Trinker in einen Fresser, Tablettenabhängigen, süchtigen Raucher, Gesundheitsfanatiker oder sogar in einen Sportfanatiker verwandelt. Sei dir auch im

Klaren darüber: Ein Alkoholiker oder Drogenabhängiger kann mit Hilfe von Psychopharmaka niemals auf Dauer seine geistige Gesundheit zurückgewinnen. Sobald die sein Wesen verändernde Wirkung der Medikamente zu Ende geht, nimmt ihn seine Sucht wieder in ihren Besitz. Bedenke: »Dir wird nichts geschenkt! Von nichts kommt nichts! Führe ein Tagebuch über deine Erlebnisse und Erfahrungen auf deinem Weg. Meine besten Wünsche begleiten dich auf jedem deiner Wege.«

Noch etwas: »Je ehrlicher du zu dir selbst bist, desto leichter wird dein Leben für dich!«

Der erste Schritt: Erforsche dich!

Der zweite Schritt: Erkenne dich!

Der dritte Schritt: Nehme dich an!

Der vierte Schritt: Glaube an dich!

Der fünfte Schritt: Vertraue dir!

Der sechste Schritt: Liebe dich selbst.

Der siebente Schritt: Sei glücklich mit dir!

Der achte Schritt: Lebe dein Leben!

Der neunte Schritt: Genieße dein Leben!

Der zehnte Schritt: Sei ein Vorbild!

Der elfte Schritt: Verbreite Freude!

Der zwölfte Schritt: Lerne jeden Tag!

Als letzte der vielen anderen Lebenslauffallen wollte ich mich mit der Altersarmut beschäftigen. Die Beschäftigung unterlasse ich. Ich unterlasse sie, weil ich es als für besser erachte, wenn der Mensch in jedem seiner Lebensalter unbeirrbar im Hier und Jetzt zu leben versteht. Was nützt es Ihnen, wenn Sie sich in jungen Lebensjahren einschränken, um im Alter, von dem Sie nicht wissen können, ob und in welchen Zustand Sie es erleben, vielleicht oder vielleicht auch nicht finanziell abgesichert zu sein. Seien Sie sich stets im Klaren: Das Einzige, was sicher ist, ist die Unsicherheit! Der Lebenslauf lässt sich nicht planen. Wenn Sie es lernen, jede der auf Sie zukommenden Lebenssituationen so anzunehmen, wie sie sind, und sich bemühen, das Beste für sich selbst daraus zu machen, dann brauchen Sie vor nichts, auch nicht vor einer Altersarmut, Angst zu haben. Sie werden sich mit einem selbstsicheren Lächeln aus jeder Lebenslauffalle ohne fremde Hilfe befreien. Jede einzelne dieser Selbstbefreiungen wird Ihre Persönlichkeit stärken und weiterentwickeln. Mit Ihrer Stärke werden für Sie alle Hindernisse zu neuen Herausforderungen. Sie werden jede der Herausforderungen mit Freude annehmen und überwinden. Je mehr an Herausforderungen Sie überwinden, desto siegreicher wird Ihr Leben verlaufen. Meine besten Wünsche begleiten Sie auf allen Ihren Wegen!

Sei der, der du bist und nicht der, der du sein solltest!
Finde deinen Weg zu dir selbst und du findest den Weg zu deinem Glück!

Otto und Heinrich Nr. 4

Otto: Soll ich für meine Altersversorgung sparen?

Heinrich: Das kannst du tun, wenn du es tun willst!

Otto: Werde ich im Alter von meinen Ersparnissen noch etwas haben?

Heinrich: Das kann sein oder auch nicht sein!

Otto: Warum wollen die Regierungen, die Banken und die Versicherungen, dass ich eigenverantwortlich für mein Alter vorsorge?

Heinrich: Weil sie dein Geld wollen!

Otto: Wieso wollen die mein Geld?

Heinrich: Weil sie mit deinem Geld eigene Geldgeschäfte machen wollen!

Otto: Welche Geschäfte machen die mit meinem Geld?

Heinrich: Sie verleihen es um ein Mehrfaches höher, als sie dir dafür geben, finanzieren ihre Schulden und spielen mit deinem Geld?

Otto: Was geschieht, wenn alle Leute ihre Ersparnisse auf einmal abheben?

Heinrich: Dann sind nicht nur alle Banken, Versicherungen, sondern auch der Staat pleite!

Otto: Was ist dann mit meinem Geld?

Heinrich: Dein Geld ist dann wertloses Papier!

Otto: Was macht der Staat, wenn er pleitegeht?

Heinrich: Der druckt sich neues Geld und macht neue Schulden!

Wenn es geht, ist es schön! Wenn es ging,
war es schön! Wenn es nicht geht, lasse es gehen!

Erfahrungen

Aus meiner frühesten Kindheit sind mir Ausdrücke der damals lebenden Menschen, die als der Volksmund bezeichnet wurden und als Lebensweisheiten von der einen an die nächste Generation weitergegeben wurden, in bleibender Erinnerung geblieben. »Ich habe mir den falschen Vater ausgesucht! Wer nichts erheiratet und nichts irbt (erbt), der bleibt arm, bis er stirbt! Als ein Lediger gestorben ist, auch nicht verdorben! Die Liebe geht durch den Magen! Wer anderen eine Grube gräbt, fällt selbst hinein! Wer nichts weiß und wer nichts kann, der bleibt ein Depp sein Leben lang! Was Hänschen nicht lernt, lernt Hans nimmermehr! Nur der Dumme muss sich plagen! Mit seiner Hände Arbeit ist noch nie einer reich geworden! Dumm, frech und stolz wächst aus einem Holz! Unrecht Gut gedeiht nicht! Wer den Pfennig nicht ehrt, ist des Talers nicht wert! Schulden und Gottes Wort sind ewig! Arbeit macht das Leben süß, Faulheit stärkt die Glieder! Wer nicht arbeitet, der soll auch nicht essen! Essen und Trinken hält Leib und Seele zusammen! Das Maul hat eine kleine Lucken. – Es kann Haus und Hof verschlucken! Was du heute kannst besorgen, das verschiebe nicht auf morgen! Der Eltern Rat, der Männer Mut war allzeit gut! Friss und sauf, solange es dir schmeckt, schon zweimal ist das Geld verreckt! Das Geld liegt auf der Straße – du brauchst es nur aufzuheben! Sage mir, mit wem du verkehrst, und ich sage dir, wer du bist! Schenkt euch Rosen zur Lebenszeit, nur kurz ist die Zeit, die ihr zusammen seid!« Vom Volksmund der Bauern kenne ich folgende Überlieferung: »Weiber Sterben ist kein Verderben. – Wenn die Rösser verrecken, das sind Schrecken!« Der Hintergrund für diesen Satz ist einfach. Verstarb die Frau des Bauern, so konnte der arme Mann nach einem Jahr tiefster Trauer auf eine neue Frau, die auch eine neue Mitgift und somit frisches Kapital mit in die Ehe brachte, hoffen. Verreckte dagegen ein Pferd, so war dieser Verlust unwiederbringlich verloren.

Der Hass verzehrt deine Seele! Die Liebe heilt deine Seele!

Otto und Heinrich Nr. 5

Otto: Besitzt ein Regierungschef Macht?

Heinrich: Das kann ich nicht so genau beurteilen!

Otto: Warum nicht?

Heinrich: Weil er immer nur das spricht, was er sagen darf!

Otto: Ist das schwierig für ihn oder sie?

Heinrich: Darin sehe ich eine große Kunst!

Otto: Wieso!

Heinrich: Ein Präsident oder ein Kanzler kann eine lange Regierungserklärung halten, ohne dabei etwas auszusagen!

Otto: Wie verhalten sich seine Zuhörer?

Heinrich: Der Zeremonienmeister seiner Partei beginnt zu klatschen und die abgeordneten Statisten klatschen, ohne selbst zu denken, pflichtgetreu mit!

Otto: Wie verhalten sich die Redakteure der Medien nach diesem Schauspiel?

Heinrich: Die Redakteure dürfen nur schreiben oder sagen, was ihnen erlaubt ist!

Otto: Wenn ein Redakteur trotzdem seine eigene Meinung verbreitet?

Heinrich: Dann ist er am nächsten Tag für sein weiteres Leben arbeitslos!

Otto: Wo bleibt da die Pressefreiheit?

Heinrich: Jeder Regierungschef in jedem Land der Erde versichert mit Nachdruck: »In unserem Land herrscht eine absolute Pressefreiheit!«

Die Legende vom Bettelmann

Auf seiner Wanderung trägt er einen weiten, zerschlissenen Mantel mit großen Taschen. Sein Weg führt ihn auf eine Pyramide aus Sand. Auf dem Bauche liegend, gleitet er vorwärts hinab. Am Fuße der Pyramide erhebt er sich. Die Taschen seines Mantels und seine Hände sind mit Sand gefüllt. Er gibt den Sand in seinen Händen der Pyramide zurück, zieht seinen Mantel aus, schüttelt den Sand aus den Taschen und geht unbekümmert weiter. Sein weiterer Weg führt ihn auf eine Pyramide aus Weizen. Auf dem Bauche liegend, gleitet er vorwärts hinab. Am Fuße der Pyramide erhebt er sich. Die Taschen seines Mantels und seine Hände sind mit goldfarbenen Weizenkörnern gefüllt. Er hält jedes einzelne Weizenkorn in seinen Händen fest, behält seinen Mantel an und wandert mit seinem kostbaren Gut, ein fröhliches Lied singend, glücklich weiter. Als die Sonne bereits tief am Horizont steht, führt ihn sein Weg zu einem großen Haus. Er klopft an die Türe. Ein reicher Mann öffnet ihm. Der reiche Mann fragt: »Was willst du?« Der Bettelmann sagt: »Ich bitte um etwas Wasser, Brot und eine Herberge für eine Nacht!« Der reiche Mann antwortet: »Scher dich zum Teufel! Sonst hetze ich meine Hunde auf dich!« Der Bettelmann wandert mit seiner inneren Ruhe sorglos weiter.

Vor Einbruch der Dunkelheit erreicht er eine Ruine. In dieser Ruine findet er auf einem Stein sein Nachtlager. Als er am nächsten Morgen seine Augen öffnet, liegt er, fein gekleidet in einen goldfarbenen Pyjama aus reiner Seide, in einem weichen, schneeweißen Himmelbett.

Er reibt sich ungläubig die Augen. Eine schöne Frau mit feurigen Augen und pechschwarzen Haaren kommt, in einen zinnoberroten, bis auf den Boden reichenden Morgenmantel gekleidet, in sein Schlafgemach. Sie küsst ihn mit ihren sinnlichen Lippen zärtlich auf den Mund, stellt ihm sein reichhaltiges Frühstück an das Bett und entschwindet wieder. Er denkt: »Träume ich oder ist das alles Wirklichkeit?« Verwirrt verlässt er nach dem Frühstück die Ruine. Seine Augen sehen im hellen Licht der Morgensonne einen Park mit mehreren Springbrunnen. In diesem Park erkennt er im hellen Licht der Morgensonne ein himmelblaues Märchenschloss mit einem roten Dach. Der Bettelmann geht in das Schloss zurück. Im Schloss begegnet ihm ein vornehmer Herr. Der Herr trägt einen grauen Smoking, einen Zylinderhut, schwarze Lackschuhe, weiße Handschuhe und zu seinem weißen Hemd eine schwarze Schleife am Hals. Schüchtern fragt er den Herrn: »Wer sind Sie?« Der Herr antwortet: »Ich bin Ihr Diener!« Er fragt nach: »Wer ist der Besitzer dieses Schlosses?« Der Herr: »Sie, Herr Baron!« – »Wer ist die schöne Frau?« – »Euere Gemahlin, die Frau Baronin!«

An der Garderobe erkennt er seinen Mantel – geht zu seinem Mantel – zieht ihn an – greift in seine Taschen! Seine Weizenkörner sind Körner aus purem Gold

Otto und Heinrich Nr. 6

Otto: Darf ich in mich in eine Prostituierte verlieben?
Heinrich: Wenn der liebe Gott nichts dagegen hat!
Otto: Darf sich ein Priester in eine Prostituierte verlieben?
Heinrich: Wenn der liebe Gott nichts dagegen hat!
Otto: Was geschieht mit dem Priester, wenn der Bischof davon erfährt?
Heinrich: Der Bischof ist nicht der liebe Gott!

Der gewöhnliche Mensch bewertet andere Menschen!
Der edle Mensch bleibt neutral!

Der singende Vagabund

Peter, ein groß gewachsener, schlanker, fünfzig Jahre alter Mann, schlendert, mit einem Hut auf dem Kopf, in einer Großstadt, unbekümmert und ein fröhliches Lied singend, auf das Ufer der Donau zu. Bevor Peter das Ufer erreicht, wandert sein Blick nach rechts, in eine sanft ansteigende, ihm gepflegt erscheinende Villenallee. Peter denkt: »Diese Allee könnte ich mir einmal näher betrachten.« Peter ist noch nicht weit gekommen. Ein bewaffneter Wachmann stellt sich ihm in den Weg. Mit seiner Leibesfülle, die unter einer eindrucksvollen Uniform verborgen ist, baut er sich vor ihm furchterregend auf und spricht: »Haben Sie einen Passierschein?« Peter fragt unbeeindruckt: »Nein! Wieso?« Der Wachmann: »Diese Wohnanlage dürfen nur Leute mit einem gültigen Passierschein betreten!« Peter fragt nach: »Warum?« Der Wachmann: »Weil hier nur anständige Menschen leben!« Peter: »Was sind das für anständige Menschen?« Der Wachmann: »Diese anständigen Menschen sind Millionäre! Sie lassen von einer Sicherheitsfirma rund um die Uhr sich selbst und ihren wertvollen Besitz bewachen!« Peter bemerkt, bevor er umkehrt: »Ein Millionär ist ein Gefangener in seinem Reichtum!« Nachdenklich geht Peter, mit sich selbst im Reinen, zufrieden an das Donauufer, setzt sich unter einer alten Eiche auf eine für ihn bereitstehende Bank mit Blick auf das in Freiheit fließende, alle Hindernisse überwindende und niemals versiegende Wasser. Der Blick auf das Fließen des Wassers und die sich in ihm spiegelnde Sonne lassen Peter das Gefühl von Zeit und Raum verlieren. Peter fühlt sich geborgen, frei und glücklich. Peter ist sich absolut sicher: »Das größte Lebensglück des Menschen ist nicht nur seine persönliche Freiheit, sondern auch die Freiheit seiner Gedanken und, nicht zu vergessen, auch die Freiheit seiner Worte!« Noch bevor die Sonne bis zum nächsten Morgen hinter dem Horizont verschwindet, fühlt Peter an seinem linken Bein eine sanfte Berührung. Peter öffnet seine geschlossenen Augen. Vor ihm sitzt ein großer, zotteliger schwarzer Hund mit weißer Brust. Peter fragt den Hund: »Was willst du von mir?«

Der Hund kann sprechen: »Ich schlendere hier jeden Tag vorbei. Dich habe ich hier noch nie gesehen. Sage mir, wer du bist!«

Peter erzählt dem Hund bereitwillig, was er von ihm wissen will: »Ich war bis vor wenigen Jahren ein bekannter Großindustrieller! Ich lebte nicht auf der Straße, sondern standesgemäß in einem Schloss. In meinem Schloss gingen ständig meine guten Freunde ein und aus! Meine Ehefrau war eine weltberühmte Schauspielerin. Mit meinem Geld besaß ich sogar die Macht, durch Parteispenden die Politik zu beeinflussen. Ständig wurde über mich in den Zeitungen, Illustrierten und sogar im Fernsehen berichtet.«

Der Hund: »Wieso sitzt du jetzt auf dieser Parkbank?«

Peter: »Eines Tages hatte ich nur noch die Kleidung, die ich auf dem Leib trage.«

Der Hund: »Deine Frau und deine Freunde halten dir doch weiterhin die Treue?«

Peter: »Meine Frau hat mich verlassen und meine Freude kennen mich nicht mehr!«

Der Hund: »Ist dir sonst nichts geblieben?«

Peter: »Doch! Meine treue Freundin, die Gitarre, ist mir geblieben!«

Der Hund: »Das ist ein großes Unglück für dich!«

Peter: »Das Unglück führte für mich zu einem Glück, das mir verschlossen war! Vorher war ich ein Gefangener meiner Verpflichtungen, meines Vermögens und der Gesellschaft. Jetzt ist aus mir ein freier, unabhängiger Mensch, von dem niemand mehr etwas will, geworden. Von mir will selbst das unerbittliche Finanzamt nichts mehr. Einem nackten Mann kann niemand in die Tasche greifen. Jetzt kann ich endlich der Mensch sein, der ich bin und als der mich Gott erschaffen hat.«

Der Hund: »Von was lebst du?«

Peter: »Wenn ich Durst und Hunger verspüre, stelle ich mich in eine der Fußgängerzonen oder vor einen Bahnhof, lege meinen Hut auf den Boden, beginne auf meiner Gitarre zu spielen und singe dazu meine fröhlichen Lieder. Sobald ich in dem Hut etwas Geld erkenne, beende ich meine Vorstellung. Die nächste Vorstellung beginne ich, wenn das Geld verbraucht ist.«

Der Hund: »Willst du für immer in unserer Stadt bleiben?«

Peter: »Nein! Ich bin ein Vagabund! Ein Vagabund bleibt niemals am gleichen Ort!« Peter fragt jetzt den Hund: »Und was ist mit dir?«

Der Hund: »Ich lebte als ein feiner Luxushund in einer der vornehmen Villen im Hintergrund. Eines Tage verstarb mein Herr und nur kurze Zeit später auch noch meine Herrin. Nach dem Tod meiner Herrin zog der Sohn in die Villa. Es war für mich ein Glücksfall, dass ich sein Telefongespräch mithören konnte. Der neue Herr sprach mit dem Tierarzt: ›Holen Sie morgen den Hund ab. Ich kann ihn nicht gebrauchen. Er muss eingeschläfert werden!‹«

Peter entsetzt: »Was hast du dann gemacht?«

Der Hund: »Ich bin über den Zaun gesprungen und abgehauen! Jetzt vagabundiere ich als ein herrenloser Hund durch die Gegend und genieße, so wie du, meine vorher nie gekannte Freiheit.« Der Hund blickt Peter jetzt treuherzig in die Augen und fragt: »Wie wäre es mit uns beiden? Wollen wir bis zum Ende unserer Tage in unverbrüchlicher Treue, wie sie Menschen untereinander nicht kennen, zusammenbleiben?«

Peter sagt mit einem glücklichen Lächeln: »Ja!«

Ein einsamer Rabe, der, auf einem Ast der Eiche sitzend, von oben alles mitbekommen hatte, schwebt herab und ruft: »Rah, Rah, Rah! Ich will der Dritte in euerem Bunde sein!«

Peter und der Hund sagen mit einem gleichzeitigen Nicken gemeinsam: »Ja!«

Mit einem »Rah, Rah, Rah – Wau, Wau, Wau – Lala, Lala, Lala« besiegeln die drei, ohne Standesamt, ihren Freundschaftsbund.

Rede nicht über die Menschen, sondern spreche mit den Menschen!
Höre nicht auf die Menschen, sondern höre den Menschen zu!

Der Sinn des Lebens

Dem sehr klugen, lernwilligen und fleißigen Wolfgang gelingt ein ausgezeichneter Schulabschluss. Mit seinem Zeugnis in den Händen bewirbt er sich auf Anraten seiner Eltern und Großeltern um eine Lehrstelle bei einer staatlichen Bank. Alle seine von ihm hochverehrten Respektspersonen sind aus Erfahrung der Überzeugung: »Wer beim Staat beschäftigt ist, der hat für sein weiteres Leben ausgesorgt!« Wolfgang wird unter allen Bewerbern, nach einer Prüfung, mit einem anschließenden Einstellungsgespräch durch die Prüfungskommission, als Einziger eingestellt. Während seiner Lehrzeit bekommt er oftmals von seinen Vorgesetzten zu hören: »Die Beschäftigung bei unserer Bank war schon immer, und so wird es auch für alle Zeiten bleiben, eine sichere Lebensstellung. Um entlassen zu werden, musst du schon goldene Löffel stehlen!« Der strebsame Wolfgang macht Karriere. Er arbeitet sich zielbewusst vom Lehrling bis zum Bankdirektor auf der Erfolgsleiter nach oben. Unter dem Sinn des Lebens versteht er: »Arbeiten, Geld verdienen und erwerben!« Wolfgang gilt für seine Bankkunden in allen Finanzangelegenheiten als ein ehrlicher und kompetenter Ansprechpartner. Für seine ihm untergeordneten Mitarbeiter ist er der zuverlässige Chef. Wolfgang ist mit seiner Stellung, seiner Familie sowie seinem gesamten Umfeld zufrieden und glücklich. Aber leider bleibt im Wandel der Zeit nichts mehr so, wie es ist. Was gestern noch gut war, das zählt heute nicht mehr. Seine staatliche Bank wird, weil die Regierenden das ihnen zu treuen Händen anvertraute Kapital verwirtschafteten, an einen privaten Investor verkauft. Seine Bank wird nach dem Verkauf zunächst in eine Aktiengesellschaft umgewandelt und nur kurze Zeit später von einer ausländischen Großbank übernommen. Sämtliche Führungskräfte werden zu einer Tagung einberufen. Das bisherige sanfte Betriebsklima verwandelt sich in einen rauen Wind. Die neuen Herren geben die neuen drei Ziele ihrer Geschäftspolitik bekannt: »Umsatzsteigerung, Gewinnmaximierung und Kostensenkung!« Nach dieser Bekanntgabe folgt die Drohung: »Wer nicht mitmacht, der fliegt!« Am Ende bekommen alle Führungskräfte eine Liste mit den geforderten Planzahlen. Diese Planzahlen sind an jeden der einzelnen Mitarbeiter weiterzugeben. »Die Mitarbeiter müssen täglich bei laufender Erfolgskontrolle unter Druck gesetzt werden. Wer dem Druck nicht gewachsen ist, der muss ohne Rücksicht auf seine bisherigen Leistungen und Verdienste entlassen werden. Wir sind kein Erholungsheim, sondern eine erfolgsorientierte Leistungsgesellschaft mit klaren Zielvorgaben.« Diese Tagung bereitet Wolfgang schlaflose Nächte. Mit der neuen Geschäftspolitik kann er sich nicht identifizieren. Er kann und will den Druck, der auf ihn ausgeübt wird, nicht nach unten weitergeben. Dies entspricht nicht seiner gereiften menschlichen Persönlichkeit. Wolfgang will sich nicht selbst verleugnen. Er erkennt auch: »Der Mittelpunkt der neuen Geschäftspolitik ist nicht der Kunde, sondern der Profit mit allen Mitteln. Der Kunde ist nicht mehr der König, sondern der Knecht der Bank!« Wolfgang bemüht sich, so gut er kann, seine ihm als unrealistisch erscheinenden Planzahlen in die Tat umzusetzen. Dieses Umsetzen ist ihm nicht möglich. Er kann sich der Ellenbogengesellschaft nicht anpassen. Nach einem zehnminütigen Einzelgespräch wird Wolfgang als ein ehemaliger Bankdirektor mit einer großzügigen Abfindung und einer Gehaltszahlung für die nächsten zwölf Monate ab sofort in den vorzeitigen Ruhestand versetzt. Am Tag danach geht Wolfgang in die Bank. Er will sich bei seinen treuen Mitarbeitern für die jahrelange gemeinsame Zusammenarbeit bedanken und seinen Schreibtisch abräumen. Als er die Geschäftsräume betritt, ist nichts mehr so wie vorher.

Seine treuen Mitarbeiter stecken ihre Köpfe verschämt in die Akten. Sie wagen es nicht, ihn anzusehen oder guten Tag zu sagen. Als er sein Dienstzimmer betreten will, tritt ihm sein Nachfolger entschlossen entgegen. Er sagt zu Wolfgang: »Händigen Sie mir sofort die Papiere und den Schlüssel für meinen Dienstwagen aus. Ihr Schreibtisch ist bereits abgeräumt. Ihre persönlichen Sachen sind in einem Karton. Den Karton können Sie bei der Putzfrau im Keller abholen.« Wolfgang geht schockiert zu Fuß mit seinem Karton unter dem Arm nach Hause.

Zu Hause schaltet er seinen eigenen Geschäftscomputer, mit dem er rund um die Uhr mit der Zentrale seiner Bank verbunden ist, ein. Die Verbindung besteht nicht mehr. Als Nächstes blickt er auf sein Telefon. Er wartet, so wie er es seit Jahren gewohnt ist, auf Anrufe. Wolfgang wartet und wartet. Es ruft niemand bei ihm an. Wolfgang fühlt sich zum ersten Mal in seinem Leben entwertet. Er fragt sich: »Soll das der Sinn des Lebens gewesen sein?« Am nächsten Tag fährt er zu seinem Golfklub. Er will unter guten Freunden sein. Diesen elitären Club hat er einst selbst mitbegründet und durch seine Bank großzügig gefördert. Wolfgang betritt das Clublokal. Seine guten Freunde kennen ihn nicht mehr! Verbittert verlässt er diesen unfreundlichen, ihm fremd erscheinenden Ort der Kälte. Auf der Rückfahrt wird Wolfgang von einem Weinkrampf, wie er ihn noch nie erlebte, überfallen. Er kann nicht weiterfahren. An einem Parkplatz am Waldrand bleibt er stehen, steigt, nachdem er sich ausgeweint hat, aus seinem Auto, unternimmt einen langen, ziellosen Spaziergang und beginnt wütend zu brüllen. Er brüllt dabei pausenlos: »Die Bank ist nicht mehr meine Bank! Die Bank ist eine Scheißbank! Ihr seid keine Freunde! Ihr seid alle Scheißkerle!« Sein Weinkrampf und das Brüllen bringen für Wolfgang eine beruhigende Erleichterung. Diese Erleichterung wird für ihn zu einer Befreiung. Wolfgang findet nach der Befreiung zu einer bisher nie gekannten inneren Ruhe. Mit dieser Ruhe kehrt in seinem Inneren eine fröhliche, glückliche Zufriedenheit ein. Er sagt zu sich: »Freiheit! Freiheit! Freiheit! Aus dir ist ein freier Mensch geworden!« Den Sinn des Lebens kann Wolfgang jetzt klar erkennen: »Die Freiheit des Lebens mit allen Sinnen froh genießen!«

Festhalten bedeutet Gefangenschaft! Loslassen öffnet das Tor der Freiheit!

Der Herr Karl

Der vereinsamte Witwer Herr Karl verlässt an einem sonnigen Sommersonntag sein Haus. Herr Karl macht sich zu Fuß auf den Weg in die nahe gelegene Kleinstadt, um das alljährliche Volksfest zu besuchen. In der Stadt angekommen, mischt er sich unter die am Straßenrand stehenden Zuschauer. Ein imposanter Festzug mit Blasmusik, Trachtenvereinen mit wehenden Standarten und mit Blumengebinden geschmückten Pferdewagen zieht an ihm vorüber. Diese Abwechslung tut ihm gut. Er fühlt sich als ein Mensch unter Menschen. Nachdem der Festzug an ihm vorübergezogen ist, verspürt er den Drang nach Alkohol. Sein Weg führt ihn in einen der Biergärten. Karl kann zunächst keinen freien Platz finden. Ein Mann ruft ihm zu: »Komm doch an unseren Tisch. Hier ist gerade ein Platz frei geworden. Ein Einzelner findet immer irgendwo einen freien Platz.« An dem Tisch, im kühlen Schatten unter einer alten Linde, lässt er es sich bei Musik und Gesang gut gehen. Herr Karl fühlt sich schon bald im Kreise dieser fröhlichen Gesellschaft angenommen und denkt: »Ich bin einer von ihnen. Ich gehöre dazu!« Im schunkelnden Kreis seiner neu gewonnenen Freunde bestellt er sich ein Bier, dann noch ein Bier und danach immer wieder ein frisches, süffiges Bier. Herr Karl erwacht mit Schrecken, bei Blitz und Donner, Regen und Sturm, völlig durchnässt, als Herr Karl im Dreck, unter einem der Tische liegend, aus seinem Tiefschlaf. Herr Karl bemüht sich, seine Gedanken zu ordnen. Herr Karl kann sich an nichts erinnern. Herr Karl leidet unter einer Gedächtnislücke! Als er endlich auf seine Beine kommt, gelingt es ihm, ein flaches Gebäude zu erkennen. Mühevoll schleppt er sich, wie im Unterbewusstsein wankend, zu einer geöffneten Türe, stürzt in einen Strohhaufen und versinkt sofort wieder in einen tiefen Schlaf. Herr Karl erwacht, als er wie aus einer weiten Ferne das Läuten einer Glocke wahrnehmen kann. Herr Karl öffnet seine Augen. Seine Augen erkennen die Umrisse einer menschlichen Gestalt. Die Gestalt kann sprechen. Sie sagt zu ihm: »Da hast du dir aber einen schönen Platz zum Ausschlafen deines Rausches ausgesucht! Bleibe noch ein wenig liegen. Ich bringe dir eine Flasche Wasser. Lasse dir Zeit. Stehe auf, wenn es dir besser geht.« Das frische Wasser tut dem Herrn Karl gut. Seine Lebensgeister kehren zu ihm zurück. Herr Karl riecht vertrauten Stallgeruch. Er sieht sich jetzt, wie im Traum, in die schönsten Lebensjahre seiner Kindheit und Jugendzeit zurückversetzt. Herr Karl erkennt sich jetzt als das Karlchen, welches täglich seine munter gackernden Hühner mit Futter versorgte, und erinnert sich an die ihm an das Herz gewachsenen, meckernden Ziegen, die er liebevoll auf die Weide führte. Karlchen ist es so, als wenn er den spöttischen Ruf seiner Schulkameraden hören könnte. Sie verspotteten ihn und riefen, sobald sie ihn erblickten: »Ziegenbauer, Ziegenbauer, Ziegenbauer!« Karlchen ist jetzt in der Lage, sich zu erheben. Er unternimmt einen Rundgang durch sein Nachtlager. An seiner Hand fühlt er etwas angenehm Vertrautes. Eine der Ziegen leckt, genauso wie es früher einmal war, an seiner Hand. Karlchen kann jetzt klar denken! Karlchen fragt, ohne lange zu überlegen, die Gestalt, bei der es sich um den alten bärtigen Fritz handelt: »Verkaufe mir ein Huhn und eine Ziege.« Der alte Fritz antwortet entschieden: »Das kommt überhaupt nicht in Frage!« Karlchen fragt: »Warum nicht? Ich bezahle dir doch einen guten Preis!« Fritz sagt dazu: »Nicht für alles Geld der Welt verkaufe ich dir ein einzelnes Huhn und eine einzelne Ziege! Diese beiden bedauernswerten Tiere würden vor Einsamkeit bei dir sterben.« Karlchen fragt verständnisvoll nach: »Was schlägst du vor?« Fritz erklärt Karlchen: »Ein einzelnes Huhn stirbt vor Einsamkeit. Zwei Hühner hacken sich gegenseitig, weil jede die Chefin sein will, die Augen aus. Drei Hühner vertragen sich. Das klügste der Hühner wird die Chefin, und die beiden anderen unterwerfen sich widerspruchslos ihrer Chefin. Ohne einen Hahn für die Liebe und die Vermehrung sind jedoch alle drei unglücklich. Auch die von den Menschen für dumm gehaltenen Hühner besitzen, so wie alle Lebewesen auf Erden, das Recht auf Liebe und Fortpflanzung.« Karlchen stellt nickend eine Zwischenfrage: »Und die Ziegen?« Fritz: »Ziegen sind Herdentiere! Herdentiere fühlen sich nur in der Gemeinschaft ihrer Artgenossen geborgen. Drei Ziegen und dazu ein Ziegenbock für die Liebe und für die Vermehrung sind eine gute Mischung.« Karlchen ruft begeistert aus: »Lieber Fritz! Ich danke dir! Von dir konnte ich heute für mein restliches, weiteres Leben etwas besonders Wertvolles lernen.«

Der nicht mehr junge, traurige Karl verwandelt sich nach dieser Begegnung, unwiderruflich, für den Rest seines Lebens in das unbekümmerte Karlchen seiner Kindheit. Die sorgenfreie Unbekümmertheit seiner Kindheit ist wieder in ihm. Karlchen lebt seit diesem so verhängnisvoll erscheinenden Alkoholexzess als Hühnerbaron und Ziegenbauer, mit sich und seiner Umwelt im Einklang, glücklich, nun nicht mehr einsam, in seinem mit Leben erfüllten Anwesen. Der Lauf seines Lebenslaufes hat einen neuen höheren Sinn bekommen.

Karlchen geht jetzt nicht mehr gebeugt mit einem traurigen, sondern aufrecht mit einem lächelnden Gesicht, allen Menschen in die Augen blickend, fröhlich durch die Straßen.

Ein Lächeln kommt zurück! Dieses Lächeln wird für Karlchen zu seiner neuen, großen Liebe.

Nicht nur Hühner und Ziegen besitzen ein Recht auf die Liebe!

Denke niemals an Schlechtes, sondern glaube an das Gute!
Denke niemals an die Hölle, sondern glaube an den Himmel!

Ist es ein Traum oder ist es Wirklichkeit?

Hans erreicht nach einem langen, kalten Winter, im ersten hellen Licht der Frühlingssonne laufend, den sanften Anstieg zu einer Bahnbrücke. Seine Gedanken wandern zu seiner verstorbenen Tochter: »Zu meinem vierzigsten Geburtstag schenkte sie mir eine Sonnenbrille.

Diese Brille ist im letzten Jahr kaputtgegangen. Beim Autofahren in der Sommersonne kann ich, wenn mich die Sonne blendet, auf eine Sonnenbrille nicht verzichten. In den nächsten Tagen werde ich mir eine neue Sonnenbrille kaufen.« Hans überquert die Brücke. Die Brücke hat auf ihrer linken Seite, zwischen dem Geländer und der Fahrbahn, einen Bürgersteig für Fußgänger. In dem Winkel unter der Bordsteinkante und der Straße hat sich seit dem letzten Herbst durch ein Gemisch von heruntergefallenem Sand, Erde und Kies von Baustellenfahrzeugen sowie durch den Wind angewehten Kiefernnadeln und Blättern eine dicke Schmutzschicht gebildet. Aus dem vom Sonnenlicht angestrahlten Schmutz kommt es Hans beim Vorbeilaufen vor, als wenn er das Funkeln eines Diamanten erkennen würde.

Hans kann während seines weiteren Laufes dieses Funkeln nicht vergessen. Auf seinem Rückweg sagt die sanfte Mädchenstimme seiner verstorbenen Tochter liebevoll zu ihm: »Sehe nach, was dich aus dem Bordsteinwinkel angefunkelt hat!« Aus dem nun im Schatten liegenden Winkel kann er jetzt kein Funkeln erkennen. Hans sagt zu sich: »Laufe weiter. Das Funkeln war eine Sinnestäuschung!« Die Mädchenstimme sagt jetzt nicht mehr sanft, sondern lautstark, mit einem keinen Widerspruch duldenden Befehlston zu Hans: »Kehre um und suche!« Mit seinen Händen beginnt er gehorsam, in dem feuchten, sich unangenehm anfühlenden Schmutz, im Vertrauen auf die Stimme, nach etwas nur für ihn Bestimmtem zu suchen. Seine rechte Hand fühlt einen schmalen, länglichen, noch nicht erkennbaren Gegenstand. Hans befreit den Gegenstand von seinem gröbsten Schmutz. Hans erkennt es, ungläubig zum Himmel blickend: »Das ist eine Brille!« Mit dem Taschentuch säubert er die Brille, setzt sie auf und blickt der nun wieder leuchtenden Sonne entgegen. Durch seine neue, mit zwei Diamanten an den Bügeln besetzte Brille erscheint ihm die Welt wie im Traum, in einem, in seinem bisherigen Leben noch nie gesehenen rosarot leuchtenden Licht. Hans sagt zu sich: »Wenn ich dieses unverlierbare, wundervolle, nur für mich bestimmte Glückserlebnis nicht selbst erlebt hätte, so könnte ich es niemals glauben.« In den nächsten Stunden und Tagen hält er immer wieder, an seine Tochter denkend, ihr neues Geschenk ungläubig in den Händen. Er kann die Brille sehen und fühlen. Sie ist kein Traum. Sie ist Wirklichkeit. Seine Glücksbrille ist nur für ihn zu seinem, von einer höheren Macht, der Macht Gottes geschenkten, unverlierbaren, kostbaren Schatz geworden. Hans wird sich in seinem weiteren Leben niemals von seinen Schatz trennen. Am nächsten Tag läuft er wieder über die Bahnbrücke, die für ihn nach diesem unglaublichen Erlebnis zu seiner Glücksbrücke geworden ist. Es erinnert nichts mehr an dem Schmutz des Vortages. Die Straße ist gereinigt!

Der Unglückliche geht als ein Blinder durch die Straßen!
Der Glückliche geht als ein Sehender durch die Straßen!
Der Sehende findet auf jeder seiner Straßen sein Glück!

Mein Silvesterlauf 2011

An diesem letzten Tag des zu Ende gehenden Jahres beginne ich meinen täglichen Lauf nicht anders als an jedem anderen der vorangegangenen Tage des Jahres. Zu Beginn ist es mir noch nicht bewusst. Dieser Lauf wird für mich zu einem meiner besonderen geistigen Erlebnisse. Ich gebe dieses geistige Erlebnis an Sie, liebe Leser, weiter. Mein Erlebnis gebe ich an Sie weiter, um auf Grund meiner Lebenserfahrung und der Erfahrung von bis zu diesem Zeitpunkt 257.000 zurückgelegten Laufkilometern eine Hilfestellung in schwierigen, noch nicht überschaubaren Lebenssituationen in ihrem eigenen Lebenslauf zu geben. Auf einem einsamen Waldweg laufend, lasse ich, bei Schneetreiben, ganz alleine mit mir selbst, das Jahr 2011, in Gedanken versunken, an meinem geistigen Auge vorüberziehen. Obwohl wegen einer langwierigen Beinverletzung mein Laufen stark beeinträchtigt war und meine finanzielle Situation sich verschlechterte, denke ich in Dankbarkeit: »Es war ein gutes Jahr! Es war ein gutes Jahr, weil ich durch die Überwindung meiner Verletzung nicht nur etwas besonders Wertvolles lernen durfte, sondern auch außergewöhnliche Menschen, die mir Mut machen und mein Leben nachhaltig bereichern, kennenlernen und erleben konnte. Im Verlauf des Jahres verbesserte sich mein Zustand, nicht durch Behandlungen, sondern ausschließlich durch mein tägliches Training, trotz einiger Rückschläge, in kleinen Schritten. Ich lernte dabei, noch besser als bisher auf meine Beine zu hören. Sobald meine Vorwärtsbewegungen für meinen Körper zu einer Belastung wurden, verkrampfte er. Mit der Verkrampfung verloren meine Beine ihre Lockerheit. Ohne Lockerheit entstand in meinem laufenden Bewegungsablauf eine Blockade. Nach dieser Blockade verlor meine gesamte Gestalt ihre Koordination. Ohne Koordination drohte ich das Gleichgewicht zu verlieren. Wegen dieser Erkenntnis versuchte ich, meine Beine mit locke-ren, kleinen Schritten, bei gegenseitiger Rücksichtnahme, ohne Belastung ganz einfach laufen zu lassen. Mit dieser sanften Methode der Geduld hatte ich Erfolg. Ich dachte dabei stets: ›Es lässt sich nichts erzwingen. Lasse deine Beine unbeschwert, in beiderseitiger Harmonie, ganz einfach so laufen, wie sie laufen wollen. Gebe ihnen ihre Beinfreiheit. Fühle dabei laufend, das Durchströmen deiner Energie in deinem gesamten Körper. Lasse deiner Energie ihren freien Lauf!‹« Heute denke ich: »Vielleicht ist deine Verletzung bereits ausgeheilt. Vielleicht liegt es auch an deinem fortgeschrittenen Lebensalter.« Im Alter verringert sich durch einen biolo-gischen Degenerationsprozess die Muskulatur des Menschen schleichend. Diese Veränderung bringt nach der eigenen Wahrnehmung an mir nicht nur unangenehme, sondern auch angenehme und vorteilhafte Folgen mit sich. Mit unangenehmen Folgen sich zu beschäftigen bezeichne ich als überflüssig. Ich halte es für besser, alles Überflüssige aus meinem Be-wusstsein zu entfernen, als sich damit nicht nur körperlich, sondern auch geistig zu schwächen. Vorteilhafte Folgen zu erkennen halte ich dagegen für sinnvoll. Dies macht Mut. Es spendet die Kraft, das Leben mit Lebens-freude bewusst zu erleben. Der Abbau von Muskulatur bringt durch den damit verbundenen Gewichtsverlust eine Erleichterung nicht nur für den Kreislauf, sondern auch für die Gelenke. Die Erleichterung verbessert das Wohlbefinden und stärkt die Ausdauer. Liebe Leser! Diese Verbesserung kann durch die Verringerung Ihres Körpergewichtes auch für Sie vorteil-hafte Folgen haben. Wenn Sie Ihr Körpergewicht nicht verringern, wird die abgebaute Muskulatur durch überflüssiges, Sie schädigendes und Gift-stoffe enthaltendes Fettgewebe, welches sich in Ihrem gesamten Körper verbreitet, ersetzt. Das unnötige Fettgewebe muss nicht nur mit Sauerstoff versorgt, sondern auch durchblutet und als überflüssiger Ballast, ihren Kreislauf und ihre Gelenke belastend, von Ihnen geschleppt werden. Die Versorgung von überflüssigem Fettgewebe betrachte ich als eine völlig sinnlose Energievergeudung. Der ältere Mensch sollte ganz besonders mit dem Rest seiner ihm noch verbleibenden Energie sinnvoll umgehen. Unter sinnvoll mit Ihrer Energie umgehen verstehe ich: »Im Gleichklang von Körper, Geist und Seele, in jeder Stunde des Lebens, sich selbst zu erleben und zu erkennen. Sich durch nichts und von niemandem abhängig zu machen oder verplanen zu lassen. Weder über sich selbst noch über andere, über Ungerechtigkeit, über die Politik oder gar über unabänderliche Lebensumstände Sorgen machen oder wütend werden und sinnlos aufregen. In allen Lebenslagen die innere Ruhe bewahren. Sich in Streitfragen niemals einmischen. Niemals weder das Verhalten von Menschen noch eines Umstandes bewerten. Ohne Rücksichtnahme auf andere immer nur das tun, was Sie selbst tun wollen, was Ihnen Freude bereitet und Sie beglücket. Wenn Ihnen das sinnvolle Umgehen mit Ihrer Energie gelungen ist, werden Sie Ihre damit gewonnene Lebensfreude der Freiheit unbeschwert genießen. Mit diesem Genießen werden Sie die Vorzüge des Alters jeden Tag neu erleben. Sie werden nicht in den Dingen, sondern über den Dingen stehen.« Mit dem Über-den-Dingen-Stehen erlebe ich, während ich bei meinem Silvesterlauf noch immer unterwegs bin, meine Vorteile des Laufens im Alter. Durch mein laufendes, langes Laufen lebe ich mit einem wesentlich niedrigeren Ruhepuls als untrainierte Menschen. Erst nach etwa dreißig Minuten langsamen Dauerlaufes erreicht mein Puls seine Betriebsschlagzahl. Mit dem Erreichen dieser Schlagzahl fühle ich in mir das mich wärmende Wohlbefinden der Durchblutung und der damit verbundenen Sauerstoffversorgung meiner gesamten Gestalt, vom kleinen Zehen bis in den letzten Winkel meiner Gehirnzellen. Mit dem Erreichen dieses Zustandes, den ich in jungen Jahren noch nicht bewusst erleben konnte, entsteht in mir ein Gefühl des Glückes, auf das ich, solange ich noch lebe, nicht einen einzigen Tag verzichten möchte. Mit dem Glücksgefühl in mir, glaube ich, ist es mir möglich, losgelöst von allen irdischen Dingen, die mir oft wie unüberwindbare Höhen erscheinen, aber in Wirklichkeit nicht höher als eine Bordsteinkante sind, mit einer unbekümmerten Leichtigkeit nicht nur meine langen Läufe zu beenden, sondern auch alle Hindernisse in meinem weiteren Lebenslauf zu überwinden. Nach diesen Gedanken stehe ich wieder an dem Ausgangspunkt meines Laufes und denke: »Beende mit diesem Glückserlebnis dieses dein fünftes Buch, freue dich auf dein sechstes und auf das kommende Jahr!

Danke du kleiner Mensch deinem Gott für seine Güte und seine Hilfe! Bitte deinen Gott um die Erleuchtung, etwas Neues, dir bisher Unbekanntes zu schreiben. Das letzte Jahr war dein Jahr! Das neue Jahr wird zu deinem Jahr werden!«

Anmerkung

Im Jahre 2012 konnte ich meine Laufleistungen, mit meiner Art des Laufens, als nunmehr 73-Jähriger, gegenüber 2011 wieder verbessern und meinen 264.000. Laufkilometer vollenden. Im 6-Stunden-Lauf erreichte ich 45 km. Bei den 24 Stunden 116 km. Im 48-Stunden-Lauf konnte ich 180 km bewältigen.

Für jedes durch das tägliche Laufen verlorene Kilogramm Übergewicht bekommen Sie zwei Kilogramm Lebensqualität und vier Kilogramm Lebensfreude als ein Geschenk.

Zusammenfassung

Liebe Leser! Achten Sie laufend nicht nur auf Ihren körperlichen, sondern auch auf Ihren geistigen und seelischen Zustand! Leben Sie diszipliniert! Bewegen Sie sich nicht nur gelegentlich, sondern laufend und bei jedem Wetter an der noch steuerfreien, frischen Luft! Achten Sie nicht nur auf sich selbst, sondern auch auf Ihre Mitmenschen! Ihre Mitmenschen benötigen Vorbilder! Vergessen Sie niemals, solange Sie noch laufen können, besitzen Sie ein Leben mit hoher Lebensqualität! Es ist es wert, laufend in Bewegung zu bleiben! Ich will es auch nicht versäumen, meine Selbsterfahrung und meinen Glaubenssatz auf Sie zu übertragen: »Wenn der Mensch nicht mehr laufen kann, dann kann er nicht mehr laufen, weil er läuft, sondern weil er das Laufen vernachlässigte.« Ein Leben im Alter als ein Läufer ist bestimmt lebenswerter als ein Dasein in einem Heim als ein hilfloser, anderen Menschen ausgelieferter und entmündigter Pflegefall.

Was ist das Schönste im Leben? Vom Glück zu träumen!
Was ist, wenn das Glück nicht in Erfüllung geht?
Dann ist der Traum ein verlorenes Glück!
Was soll ich nach einem verlorenen Glück tun?
Vom neuen Glück träumen!
Was ist, wenn auch dieser Traum nicht in Erfüllung geht?
Dann träume glücklich weiter!

Die Botschaft

Heute ist Sonntag, der 19. August 2012. Der 19. August ist für mich zu dem besonderen Tag in meinem Leben geworden. Nach einer Verletzung hatte ich mit einem Lebensalter von 55 Jahren mit dem Leben bereits abgeschlossen. Nach dem Nahtoderlebnis kehrte ich als ein anderer Mensch in ein neues, ein besseres Leben zurück. Neben dem Tag meiner Geburt wurde dieser Tag, an dem mir das Leben neu geschenkt wurde, zu meinem zweiten Geburtstag. Meinen zweiten Geburtstag begehe ich alljährlich in einer mir tief bewussten Dankbarkeit mit meinem für mich besonderen, nur für mich bestimmten geistigen Lauf. Von der Wüste Sahara ist für mich über das Mittelmeer, durch das Rhône-Tal und über den Oberrhein Tropenluft nach Deutschland eingedrungen. Die Temperaturen steigen auf über 35 Grad Celsius im Schatten. Mit freiem Oberkörper, eine weiße Sonnenmütze auf dem Kopf und eine Gürteltasche mit einer Trinkflasche um den Leib, mache ich mich, losgelöst von allen irdischen Dingen, auf den Weg. Nach 90 Minuten erreiche ich den Wendepunkt und laufe die gleiche Strecke in der gleichen Zeit mühelos zurück. Auf dem Rückweg führt mich mein spiritueller Weg in eine neue Dimension eines geistigen Laufes. Im hellen Licht der Mittagssonne sehe ich mich nicht auf dieser Welt, sondern in einer anderen, meiner neuen Welt laufen. In der neuen Welt laufend, sagt eine sanfte Stimme zu mir: »Lebe in Zukunft nach sieben Lebensgrundsätzen!« Ich frage die Stimme: »Nach welchen Lebensgrundsätzen soll ich leben?« Die Stimme antwortet mir. Ich höre meine sieben Lebensgrundsätze! Ich frage nach: »Wieso soll ich nach den sieben Lebensgrundsätzen leben?« Die Stimme gibt die Antwort: »Die Woche hat sieben Tage! Lebe der Reihe nach vom Montag bis Sonntag für deinen weiteren Lebenslauf, nach deinem für dich bestimmten täglichen

Lebensgrundsatz.« Ich antworte, auf der Erde im hellen Sonnenlicht laufend und in das wolkenlose Blau des Himmels blickend: »Ich danke dir! Das werde ich tun« Um den kostbarsten aller Schätze meines bisherigen Lebenslaufes nicht zu verlieren, wiederhole ich ihn laufend auf dem gesamten Rückweg. Nach dem Lauf will ich mir mein Geschenk des Himmels sofort aufschreiben. Ich sitze hilflos vor einem leeren Blatt Papier. Mein Schatz ist entschwunden! Zwei Tage und zwei Nächte bin ich ruhelos auf der Suche nach ihm. Am dritten Tag danach geht mir im Licht der untergehenden Sonne ein Licht auf. Meine Lebensgrundsätze beginnen in mir zu wirken. Sie bereichern nicht nur mich, sondern alles, was mit mir und um mich geschieht. Meine sieben täglichen Lebensrundsätze lauten: »Vertrauen! Überwinden! Demut! Bescheidenheit! Toleranz! Geduld! Liebe!« Ich lebe in meinen Lebensgrundsätzen! Meine Lebensgrundsätze leben in mir! Das unverlierbare Glück ist in mir! Das unverlierbare Glück der fröhlichen Heiterkeit bleibt in mir!

Die Hoffnung

Der einzige Reichtum ist der Reichtum der Herzen. Aus dem Reichtum der Herzen entsteht die Reinheit der Freiheit, der Gleichheit und der Brüderlichkeit unter den Menschen.